LES ARRÊTS DE LA COUR SUPRÊME DU MALI EN FICHES

Issiaka Guindo

LES ARRÊTS DE LA COUR SUPRÊME DU MALI EN FICHES

Préface de Touré Idrissa Hamidou

L'Harmattan
Mali

Harmattan Mali
ACI2000 Bamako - Immeuble Jean-Marie CISSE
Bureau 10
Tél.: +223 76 43 00 66 /+223 66 89 33 72
www.harmattanmali.com
Couverture et mise en page : Coco Joyce

L'Harmattan 2024
5-7, rue de l'École-Polytechnique ; 75005 Paris
http://www.librairieharmattan.com

ISBN : 978-2-336-46142-7
EAN : 9782336461427

La Cour suprême

En vertu de l'article 2 de la loi n° 2016-046 du 23 septembre 2016, qui régit son organisation et son fonctionnement, la Cour suprême est définie comme la plus haute autorité de l'État en ce qui concerne les affaires judiciaires, administratives et des comptes.

Attributions de la Cour

La Cour suprême a pour compétence de statuer sur des pourvois formulés contre les arrêts de la cour d'appel et les juridictions de même niveau et aussi contre les jugements rendus en premier et dernier ressort par les juridictions de fond.

Procédure devant la Cour

Conformément à l'article 130 de la loi régissant la Cour suprême, les recours introduits devant cette juridiction doivent suivre une procédure précise, faute de quoi ils seront déclarés irrecevables. Ces recours doivent être initiés par le biais d'une déclaration de pourvoi, laquelle peut être signée soit par le demandeur lui-même, soit par son avocat, soit par une personne dûment autorisée au moyen d'une procuration spéciale. Lorsque l'État et ses subdivisions sont les demandeurs ou les défendeurs dans une affaire, la représentation légale de leurs intérêts est assurée par le service en charge des contentieux de l'État. Toutefois, l'État et ses subdivisions conservent la liberté de faire appel à un avocat pour la défense de leurs intérêts.

Préface

C'est avec une grande satisfaction que je m'engage à rédiger la préface de cet ouvrage d'une importance cruciale, intitulé *Les Arrêts de la Cour suprême du Mali : en FICHE*. Dans la richesse de ses pages, cet ouvrage se révèle comme une ressource didactique précieuse qui se destine aux étudiants en droit, aux avocats, aux juristes et à toute personne avide de comprendre les subtilités du système juridique malien.

Le monde judiciaire est souvent considéré comme complexe et parfois intimidant, mais grâce à cet ouvrage, la compréhension des arrêts de la Haute Juridiction du Mali devient plus accessible que jamais. L'auteur a entrepris une tâche ambitieuse et nécessaire en présentant de manière claire et concise des fiches détaillées sur un large éventail d'arrêts, couvrant des questions cruciales de droit procédural et substantiel.

La diversité des sujets abordés, tels que les délais légaux, l'autorité de la chose jugée, la procédure d'appel, la prescription, la forclusion, le sursis à statuer, les procédures de recouvrement, l'administration de la preuve, le principe du contradictoire, ainsi que des recours en plein contentieux, les recours pour excès de pouvoir et l'exception de nullité, témoigne de la volonté de l'auteur de fournir une ressource complète et équilibrée.

Le livre ne se limite pas au seul domaine du droit procédural, mais s'étend également à des questions de droit substantiel qui jouent un rôle crucial dans la compréhension globale du système juridique malien. Des thèmes tels que la dissolution d'une société, la saisie-attribution, les actes de commerce, le titre foncier, le blanchiment d'argent, la nullité et la validité des actes notariés, l'immunité, le mandat verbal, la légitime défense, la responsabilité contractuelle et délictuelle, la publicité des contrats, le licenciement, et le mandat de dépôt sont explorés.

En conclusion, *Les Arrêts de la Cour suprême du Mali : en FICHE* est bien plus qu'un recueil de décisions juridiques ; c'est une porte ouverte vers la compréhension approfondie des rouages du droit malien. J'exprime l'espoir que l'auteur envisagera une nouvelle édition intégrant plusieurs arrêts supplémentaires, dont le contenu éclaire de manière précise le droit.

Touré Idrissa Hamidou
Magistrat

À l'attention des lecteurs

La démarche de ce livre est conçue de manière à fournir une analyse précise et systématique de chaque arrêt (toutes ces décisions sont accessibles dans la base de données de la Jurisprudence francophone des cours suprêmes (JURICAF). La méthodologie inclut les éléments suivants pour chaque arrêt :

1. **Le résumé des faits et de la procédure** : Ce résumé permet aux lecteurs de rapidement appréhender le contexte de l'affaire en comprenant les événements qui ont conduit à la procédure judiciaire.

2. **Les prétentions des parties** : Consiste à présenter les arguments et les demandes des parties en litige.

3. **Le problème de droit** : Cette partie identifie de manière explicite la question juridique centrale que la Cour doit résoudre. Cela aide le lecteur à se concentrer sur l'aspect juridique essentiel de l'affaire.

4. **La solution** : La solution indique comment la Cour a interprété la loi et tranché la question en jeu.

De plus, l'ouvrage ajoute une couche de clarté en baptisant arbitrairement certains arrêts, ce qui permet aux lecteurs d'associer facilement un nom ou une référence mémorisable à chaque arrêt. Il est important de souligner que ce livre ne constitue pas un commentaire d'arrêt. L'auteur ne donne pas son interprétation personnelle, ce qui permet aux lecteurs de développer leur propre compréhension juridique de chaque affaire. En adoptant cette approche descriptive et objective, l'auteur encourage les lecteurs à analyser les arrêts et à former leur propre opinion juridique.

En somme, cela fait de ce modeste livre une ressource précieuse pour toute personne intéressée par le droit et la jurisprudence au Mali.

Avertissement :

L'auteur endosse la pleine responsabilité de l'intégralité du contenu de cet ouvrage. Il est crucial de préciser que la Cour suprême ne saurait être tenue, de quelque manière que ce soit, responsable ou engagée vis-à-vis du contenu du présent livre.

En d'autres termes, les orthographes, la sémantique, la syntaxe, assertions ou points de vue exprimés dans ce livre relèvent exclusivement de la responsabilité de l'auteur et la Cour suprême n'est en aucun cas liée par son contenu. Les lecteurs sont priés de recourir aux arrêts référencés pour plus d'exactitude.

Arrêt BCS-SA/2013

La Cour suprême rappelle l'importance du principe de l'indemnisation effective de la victime du dommage.

Références : Arrêt BCS-SA		
Date de l'arrêt : **18/06/2013**	**Mali, Cour suprême, 18 juin 2013, 25**	Nature : Remboursement et réparation de préjudice
Numéro de l'arrêt : 25		
Objet principal : La responsabilité contractuelle et délictuelle		

La Cour suprême affirme que la responsabilité contractuelle peut se cumuler avec la responsabilité délictuelle dès lors que celle-ci n'a pas permis une indemnisation effective.

En l'espèce, le litige porte sur les retraits non autorisés effectués sur le compte d'un client à la BCS-SA, les poursuites pénales ont été engagées contre les auteurs présumés de ces retraits, ainsi que le client a initié des réclamations civiles contre la BCS-SA pour les préjudices subis. La Cour suprême a rendu cet arrêt qui a tranché un débat académique sur le cumul de responsabilité contractuelle et délictuelle.

Il résulte des faits et de la procédure tels que rappelés par l'arrêt qu'en 2010 le client était un bénéficiaire régulier d'un concours financier de 10 000 000 de francs CFA de la BCS-

SA, qu'il recevait depuis 2004. En août de la même année, il a découvert des retraits non autorisés sur son compte bancaire à la BCS-SA, totalisant 11 000 000 de francs CFA, dont l'un de ces retraits a eu lieu après la date d'expiration de son accord financier.

Suite à cela, le client a poursuivi la BCS-SA en justice devant le tribunal de commerce de Bamako le 25 novembre 2010, réclamant le remboursement des sommes retirées et des dommages-intérêts. Parallèlement, une enquête pénale a été ouverte pour identifier les auteurs des retraits frauduleux, conduisant à l'arrestation de plusieurs personnes pour vol, faux et usage de faux, et complicité. Ces accusés ont finalement été condamnés à des peines de prison et au paiement de 11 000 000 de francs CFA au client en tant que partie civile par un jugement du **tribunal correctionnel de la Commune III** de Bamako en mars 2011.

Le 23 mars 2011, le **tribunal de commerce** a rendu un jugement condamnant la BCS-SA à payer au client la somme de 13 000 000 de francs CFA pour l'ensemble des préjudices subis. Cependant, la BCS-SA a fait appel de cette décision, et la cour d'appel a infirmé le jugement initial en décembre 2011, rejetant toutes les demandes du client. En réponse, ce dernier a formé un pourvoi en cassation.

Le client fait valoir un seul moyen, à savoir la violation de la loi, en particulier les articles 113 et 125 de la loi n° 87/31-AN/RM du 29 août 1987. Il conteste le rejet de ses demandes au motif que le jugement critiqué constituerait une deuxième réparation du même préjudice, étant donné que des individus ont été condamnés pénalement à lui verser presque le même montant que celui accordé par le tribunal de commerce. Que cette double exécution de titres exécutoires est considérée comme susceptible d'entraîner un enrichissement illicite.

Problème de droit :

La responsabilité contractuelle peut-elle se cumuler avec la responsabilité délictuelle ?

La cour d'appel a justifié sa décision en arguant que la condamnation pénale antérieure de certains individus à payer une somme similaire au client pour le même préjudice constituait une double réparation inappropriée, susceptible d'entraîner un enrichissement illicite du client. La Cour suprême n'a pas adhéré à cette position pour deux raisons principales.

Elle argue que l'argument de la cour d'appel ne prenait pas suffisamment en compte le principe de l'indemnisation effective du client. La Cour suprême a également souligné que la responsabilité de la banque dans l'exécution de ses obligations contractuelles envers le client n'avait pas été évaluée de manière adéquate. Par conséquent, la décision a été cassée et annulée, et l'affaire a été renvoyée devant la cour d'appel de Bamako, avec une composition différente, pour une réévaluation appropriée en conformité avec les articles 113 et 125 du Régime général des obligations (RGO).

1. La leçon à retenir :

L'arrêt de la Cour suprême met en lumière la coexistence possible de la responsabilité contractuelle et de la responsabilité délictuelle. Cependant, il est crucial de distinguer leurs fondements et leurs objectifs pour une application adéquate. La responsabilité contractuelle est liée à des obligations contractuelles (ex : inexécution d'une prestation, retard de livraison, vice caché). La responsabilité délictuelle découle d'un comportement illégal qui cause un préjudice à autrui (les dommages causés par la négligence professionnelle, accident routière ainsi que les dommages environnementaux causés par une entreprise). Ainsi, à la lumière de cet arrêt, les deux formes de responsabilité peuvent être applicables en fonction des circonstances de l'affaire.

2. Élément d'information pratique :

Faux et usage de faux

Cette infraction concerne la falsification de documents et leur utilisation frauduleuse.

L'infraction de faux et usage de faux se produit lorsque quelqu'une personne ***fabrique, altère ou utilise*** un document dans le but de tromper autrui ou d'obtenir un avantage illégal. Les sanctions pour les infractions relevant de faux et usage de faux au Mali incluent des amendes, des peines d'emprisonnement, ou les deux. Pour explorer davantage ce sujet, il convient de consulter les articles 88 à 105 du code pénal malien consolidé en 2016.

Cette infraction peut impliquer la falsification de documents tels que des ***contrats, des signatures, des chèques, des cartes d'identité, des passeports, des titres de propriété, des diplômes***, etc.

La procédure pénale au Mali est régie par le Code de procédure pénale. Le droit à un procès équitable est garanti par la Constitution malienne. L'accusé est présumé innocent jusqu'à ce que sa culpabilité soit établie au-delà de tout doute raisonnable.

Une plainte avec constitution de partie civile

La constitution de partie civile est une procédure juridique qui permet à une victime d'une infraction pénale de participer activement au procès pénal et d'obtenir réparation pour le préjudice subi. **Elle est encadrée aux articles 60 à 64 du code de procédure pénale consolidé en 2013**.

Toute personne ayant subi un dommage du fait d'une infraction pénale peut se constituer partie civile. Cela inclut la victime directe de l'infraction, ainsi que les personnes qui ont subi un préjudice par ricochet (par exemple, les proches d'une victime d'homicide).

La constitution de partie civile se fait par le **dépôt d'une requête** auprès du juge d'instruction ou directement devant la juridiction de jugement.

La partie civile peut participer activement au procès pénal en présentant des observations, en demandant des témoins et des preuves, et en formulant des conclusions. Elle peut également demander ***des dommages et intérêts*** pour le préjudice subi.

Le juge d'instruction ou le tribunal statue sur la constitution de partie civile et examine les demandes de réparation formulées par la partie civile. Il statue ensuite, dans le cadre du jugement pénal, sur le montant des dommages et intérêts qui seront éventuellement alloués à la partie civile.

Arrêt BNDA/2015

La Cour suprême rappelle le principe de la liberté contractuelle et l'importance du respect des clauses du contrat.
La Cour suprême souligne qu'elle n'intervient pas dans l'interprétation des contrats sauf dans des cas précis.

<table>
<tr><td rowspan="2">Arrêt
n° 277
d1414 /12
/2015.</td><td>Arrêt BNDA
Mali, Cour suprême,
14 décembre 2015,
277</td><td>Nature :
Réclamation
de sommes</td></tr>
<tr><td></td><td></td></tr>
<tr><td colspan="3">Objet principal : L'appréciation souveraine de l'interprétation</td></tr>
</table>

Par souci de brièveté, en l'espèce, la BNDA a, le 1er septembre 2009, licencié son ex-employé qui officie en tant que directeur administratif et financier adjoint pour refus de rejoindre son nouveau poste d'affectation, ledit directeur qui était aussi débiteur vis-à-vis de la BNDA d'une somme de 39 millions de FCFA. Ce dernier a porté plainte contre certains responsables de la société. Pour trouver une solution amiable à cette plainte et aussi au règlement de l'encours de la dette, par un protocole signé le 19 novembre 2010, les parties renoncent à toute instance ou action en cours ou à venir. À contre-courant, les deux parties ont chacune soit poursuivi soit initié d'autres procédures, violant ainsi l'engagement du 19 novembre 2010. Ainsi, on recense trois jugements ci-après rendus entre les parties : *Jugement n° 208 du 26/9/2011 du tribunal de première instance de la Commune IV du district de Bamako. Jugement n° 54 du 29 mars 2010 du tribunal du travail de Bamako, arrêt n° 130 du 30 septembre 2010 de la chambre sociale de la cour d'appel de Bamako.*

Le 1er décembre 2010, le tribunal de commerce de Bamako s'est déclaré incompétent dans une instance en réclamation de somme initiée par la BNDA contre son ex-employé, car il existait entre les deux parties un accord de transaction. La BNDA a saisi par assignation le 15 juin 2011 le tribunal de première instance de la Commune V du district de Bamako, qui par un jugement du 28 novembre 2011 a condamné le licencié à payer la dette qu'il devait à la BNDA. Il interjette appel, la chambre civile de la cour d'appel de Bamako **confirme** la décision rendue par la juridiction de première instance par un arrêt du 31 octobre 2012. Il forme un pourvoi en cassation.

Le demandeur soulève un moyen unique. Il reproche à l'arrêt attaqué d'avoir violé la loi en rejetant la fin de non-recevoir soulevée *limine litis*. Il soutient qu'il n'y a pas identité de cause entre la présente instance portant les litiges contractuels et les jugements sus-évoqués qui sont relatifs à la réclamation d'une cotisation du demandeur auprès de la CADREC et non de la BNDA et l'exécution forcée par la BNDA de la convention passée entre les parties. Il s'appuie sur l'article 2052 du Code civil français qui dispose que : « les transactions ont, entre les parties, l'autorité de la chose jugée en dernier ressort. Elles ne peuvent être attaquées pour cause d'erreur de droit, ni pour cause de lésion ». Par contre, dans l'arrêt attaqué, la cour d'appel considère qu'en vertu des copies des jugements nos 198 et 208 tous datés du 26 septembre 2011 rendus par le tribunal de première instance de la Commune IV du district de Bamako l'appelant ne peut contraindre l'intimé à l'observer en raison de la réciprocité des obligations découlant de cette convention synallagmatique litigieuse. Considérant qu'au terme de l'article 104 du RGO dans les contrats synallagmatiques chacun des contractants peut refuser de remplir son obligation tant que l'autre n'exécute pas la sienne ; l'exception d'inexécution suppose, d'après la nature et l'importance de l'obligation méconnue, un manquement suffisamment grave pour justifier le refus d'exécuter l'obligation corrélative. Or, il est constant que l'appelant lui-même s'est soustrait à cette obligation, considérant qu'en droit nul ne peut se prévaloir de sa propre turpitude ; que dès lors il échoit d'écarter cette fin de non-recevoir comme étant mal fondée.

- **Le problème de droit**

La Cour suprême peut-elle exercer un contrôle sur l'interprétation des contrats, des usages et du droit étranger, en particulier dans le cas où une violation de la loi est alléguée ?

Dans sa délibération, la Cour suprême rappelle un principe important en matière de droit des contrats : le contrat est considéré comme la loi des parties. Cela signifie que les parties à un contrat sont libres de fixer les conditions de leur engagement, et que ces conditions s'imposent à elles comme une loi.

Cependant, la Cour suprême précise également qu'elle n'exerce pas de contrôle sur l'interprétation des contrats, sauf dans certaines exceptions. En effet, l'interprétation des contrats relève en principe des juges du fond, c'est-à-dire des juges des tribunaux de première instance et d'appel.

La Cour suprême énumère ensuite trois catégories de dispositions contractuelles sur lesquelles elle n'exerce aucun contrôle :

- Les contrats individuels (à l'exception des contrats-types largement diffusés tels que les contrats d'assurance, de transport et les conventions collectives)

- Les usages
- Le droit étranger

La Cour explique que l'interprétation de ces dispositions relève exclusivement de l'appréciation des juges du fond. En d'autres termes, la Cour suprême ne peut pas se substituer aux juges du fond pour interpréter ces dispositions. En l'espèce, la Cour suprême rejette la demande du requérant car elle estime qu'elle n'a aucune autorité pour exercer un contrôle sur l'interprétation souveraine des contrats et des faits par les juges du fond. La Cour considère que le seul moyen soulevé par le requérant ne peut donc pas prospérer.

Cet arrêt de la Cour suprême est important à plusieurs égards :

- Il rappelle le principe du respect de la liberté contractuelle.
- Il précise les limites du contrôle exercé par la Cour suprême sur l'interprétation des contrats.
- Il souligne l'importance du rôle des juges du fond dans l'interprétation des contrats.

Élément d'information pratique :

L'exception d'inexécution : C'est un principe juridique qui permet à une partie d'un contrat de suspendre ou de refuser temporairement d'exécuter ses propres obligations contractuelles en réponse à une non-exécution ou à une mauvaise exécution par l'autre partie. L'exception d'inexécution est généralement basée sur le principe selon lequel une partie peut retenir ou suspendre son propre rendement tant que l'autre partie n'a pas rempli ses obligations contractuelles.

L'exception d'inexécution peut être invoquée lorsque l'autre partie n'a pas exécuté ses obligations contractuelles conformément aux termes du contrat. Cela peut inclure le non-paiement, le retard dans la livraison de biens ou de services ou toute autre violation du contrat.

Lorsqu'une partie invoque l'exception d'inexécution, elle **suspend temporairement ses propres obligations** en vertu du contrat. Elle le fait en attendant que l'autre partie remédie à la non-exécution ou à la mauvaise exécution.

En général, la partie invoquant l'exception d'inexécution ***doit notifier à l'autre partie sa décision de suspendre temporairement ses obligations contractuelles*** en raison de la non-exécution ou de la mauvaise exécution. Cette notification peut également exiger que l'autre partie remédie à la situation dans un délai spécifié.

Si la partie invoquant l'exception d'inexécution suspend ses obligations de manière injustifiée ou en violation des termes du contrat, ***elle peut être tenue responsable des dommages-intérêts pour rupture de contrat.*** L'exception d'inexécution offre ***une alternative à la résiliation immédiate du contrat en cas de violation.*** Elle permet aux parties de poursuivre le contrat une fois que la non-exécution ou la mauvaise exécution a été résolue.

Arrêt Transaction immobilière/2015

Cet arrêt est important car il clarifie la jurisprudence relative à la validité des ventes immobilières sans acte notarié.

Références : ***Arrêt Transaction immobilière***		
Arrêt n° 37 du 09/02/2015	**Mali, Cour suprême, 9 février 2015, 37**	Nature : Validation de vente.
Objet principal : La publicité d'un contrat		

Conformément à cet arrêt : La Cour éclaire sur deux points de droit importants…

> ***La Cour suprême confirme que la publicité n'est pas une condition de validité du contrat, mais une condition de l'opposabilité de l'acte aux tiers.***
>
> ***Elle fait savoir également que la doctrine et la jurisprudence sont unanimes à admettre que le sursis à statuer à un caractère facultatif, et que les juges du fond apprécient de façon discrétionnaire une telle demande.***

En l'affaire, une administratrice des biens gérait des transactions immobilières pour son client depuis quelques années. En 2007, la gérante a vendu une parcelle de terrain à ce client, puis a revendu la même parcelle à une autre personne à un prix nettement inférieur. Cette situation a déclenché une série de procédures judiciaires.

Le tribunal correctionnel de la Commune VI a condamné la gérante pour abus de confiance et escroquerie envers son client, la condamnant à 5 ans de prison et à verser 75 000 000 de francs CFA à son client.

En appel, la cour d'appel de Bamako a déclaré la gérante coupable de disposition du bien d'autrui, la condamnant à 2 ans de prison avec sursis et à restituer la maison à son client.

Parallèlement, le client a intenté une action en validation de la vente contre la gérante, demandant que la vente entre eux soit reconnue valide. Le tribunal de première instance a rejeté la demande de sursis à statuer présentée par la gérante et a validé la vente. En appel, la cour d'appel de Bamako a confirmé le jugement en toutes ses dispositions. La gérante a alors décidé de se pourvoir en cassation contre cette décision.

La demanderesse au pourvoi, par l'entremise de son conseil, soulève un moyen unique de cassation tiré de la violation de la loi prise en quatre branches, dont la première et la troisième sont visées dans la présente.

Il reproche à l'arrêt d'avoir violé les articles 4 et 6 du Code de procédure pénale (CPP), en ce que la cour d'appel a rejeté la demande de sursis à statuer au motif que la plainte avec constitution de partie civile ne vaut pas preuve de l'engagement de l'action publique, alors que d'une part la motivation de sa décision se fonde sur les pièces de la procédure pénale notamment le procès-verbal d'enquête préliminaire n° 147 du 19 mai 2010 de la brigade de recherche de la gendarmerie de Bamako, le procès-verbal de Parquet du 26 mai 2010 et qu'ainsi, en statuant comme elle l'a fait, la cour d'appel a méconnu les dispositions des articles 4 et 6 du CPP qui se traduisent par la règle *« le criminel tient le civil en l'état »*, et sa décision s'expose à la censure de la Haute Juridiction. En troisième branche, il est fait grief à l'arrêt attaqué d'avoir validé la vente passée entre la gérante et le client autrement l'acquéreur initial au mépris des articles 88 et 89 du Code domanial et foncier (CDF) qui traitent des droits réels et de la publicité foncière.

Problème de droit :

La Haute Juridiction est appelée à se prononcer sur deux questions d'une importance capitale :

Le criminel tient-il systématiquement le civil en l'état, quelles que soient les circonstances ?

Comment le droit malien traite-t-il les cas où un contrat de vente immobilière n'est pas accompagné d'un acte notarié, et quelles sont les implications légales de cette absence d'acte notarié sur la validité du contrat et l'opposabilité aux tiers dans le contexte de la publicité foncière au Mali ?

Selon la Cour suprême, la doctrine, la jurisprudence et la pratique sont unanimes à admettre que le sursis à statuer à un caractère facultatif et que les juges du fond apprécient de façon discrétionnaire la demande à eux présentée.

La Cour ajoute qu'en cas d'une **question préjudicielle** le juge doit évaluer si elle est sérieuse et si sa réponse est nécessaire pour résoudre le litige. Dans de tels cas, le juge est obligé de suspendre la procédure pendant la durée nécessaire. Toutefois, la Haute Juridiction note que, dans cette affaire, le demandeur n'a pas soulevé de question préjudicielle, mais plutôt l'adage *« le criminel tient le civil en l'état »*. Cette maxime n'a pas une influence évidente sur la résolution du litige, car la chambre criminelle de la Cour suprême a déjà statué définitivement sur la question. Par conséquent, la première branche du moyen unique ne peut pas être acceptée.

La troisième branche porte sur une situation juridique complexe impliquant des questions de validité du contrat et des considérations relatives à la publicité foncière. La question soulevée est de savoir si l'absence d'acte notarié rend la vente immobilière invalide et si cela justifie l'annulation de la vente au profit du second acquéreur.

Pour apporter une réponse appropriée, la Cour s'est attardée à un long développement tant utile qu'argumentatif, elle part de la question qu'une vente immobilière sans respecter les formalités notariales nécessaires l'emporte-t-elle sur la validité de la vente. Le débat tourne autour de la nature de ces formalités, la Cour s'interroge : s'agit-il d'un formalisme purement informatif ou d'une condition suspensive pour la validité du contrat de vente ? Faut-il rappeler que le demandeur au pourvoi souhaite annuler cette vente en invoquant l'absence d'acte notarié ?

En résumé, la Haute Juridiction argue que la nullité de la vente immobilière ne devrait pas être reconnue en raison de l'absence d'acte notarié, car cela ne concerne que l'efficacité du contrat et ne devrait pas permettre au demandeur d'échapper à ses actes frauduleux. Pour affirmer une telle position, la Cour s'est appuyée sur la doctrine en invoquant que « la publicité n'est pas une condition de validité du contrat mais une condition d'opposabilité de l'acte aux tiers » (cf. *Droit des obligations. Contrat et quasi-contrat* de Philippe Délebecque et Frédéric-Jérôme Pansier, Éd. Juris-Classeur, 3e éd., p. 167).

De même, la Cour a pris en compte la communication d'un expert fiscal et foncier qui explique que « le rôle principal de la publicité est l'opposabilité. Mais il faut que l'acte publié soit juridiquement valable et régulier et que la publicité eût été faite dans les règles, pour être opposable.

Mais entre les parties, la publicité à vrai dire n'est pas nécessaire, car elles savent pertinemment ce qui s'est passé entre elles. Ainsi un propriétaire ayant vendu son bien à un acquéreur ne peut pas reprendre le même bien et le revendre à un autre au motif que le premier n'a pas publié ses droits.

Élément d'information pratique :

Le criminel tient le civil en l'état :

L'expression *« le criminel tient le civil en l'état »* signifie généralement que lorsqu'une personne est poursuivie pour une infraction pénale, cela peut avoir un impact sur les procédures civiles liées à la même affaire. Plus précisément, cela signifie que tant que la procédure pénale n'est pas résolue, la procédure civile peut être suspendue ou retardée. Par exemple, si une personne est poursuivie pour avoir causé des blessures corporelles lors d'un accident de la route, les procédures civiles liées aux réparations ou aux indemnisations pourraient être mises en attente jusqu'à ce que l'affaire pénale soit jugée.

L'objectif de cette règle permet d'éviter des contradictions entre les décisions civiles et pénales concernant les mêmes faits. Cependant, une fois la procédure pénale terminée, la procédure civile peut reprendre son cours.

Le sursis à statuer :

> *Art. 381 à 384 du Code de procédure civile, commerciale et sociale (CPCCS)*

Le « sursis à statuer » est une décision judiciaire par laquelle un tribunal suspend temporairement une affaire en cours, reportant ainsi l'examen et le jugement de l'affaire à une date ultérieure. Cette décision peut être prise pour diverses raisons, notamment pour attendre qu'une question ou un problème connexe soit résolu dans une autre affaire, pour donner aux parties le temps de négocier un règlement ou pour attendre qu'une situation ou des preuves spécifiques se développent davantage.

Le sursis à statuer est utilisé autant dans les affaires civiles, pénales que administratives. L'objectif principal est de garantir un traitement équitable et complet de l'affaire, en tenant compte de tous les éléments pertinents et en évitant des décisions hâtives ou précipitées.

En général, lorsqu'un tribunal décide de prononcer un sursis à statuer, il précise la durée de la suspension et les conditions auxquelles l'affaire sera réexaminée à l'avenir. Cela permet aux parties de mieux se préparer ou de résoudre des problèmes en suspens, ce qui peut éventuellement conduire à un règlement ou à une décision plus éclairée du tribunal.

Arrêt Wassoul'or/2021

Cet arrêt rappelle les règles applicables en cas de modification du contrat de travail et de licenciement.

Références : Arrêt Wassoul'or		
Arrêt n° 16 du 13/04/2021	**Mali, Cour suprême, 13 avril 2021, 16**	Nature : Réclamation de droits et dommages-intérêts.
	Pourvoi n° 13 du 03/02/2020	
Objet principal : Licenciement, modification substantielle du contrat		

La Cour suprême souligne que la jurisprudence reconnaît qu'un contrat de travail est modifié lorsque le salarié est transféré à un autre employeur.

Dans cette affaire, un employé-gestionnaire, en tant que directeur des ressources humaines, a porté plainte contre son employeur, la Société Wassoul'or-SA, devant le tribunal du travail de Bamako pour réclamer des droits et des dommages-intérêts. Le tribunal du travail a rejeté sa demande, mais a accepté la ***demande reconventionnelle*** de Wassoul'or-SA, condamnant ainsi le gestionnaire à rembourser une somme d'argent au défendeur.

Le demandeur fait appel de cette décision, et la cour d'appel de Bamako a statué en sa faveur. L'arrêt de la cour d'appel a annulé le jugement du tribunal du travail et a condamné Wassoul'or-SA à verser diverses sommes au demandeur, notamment des indemnités de préavis, une indemnité pour vice de forme, des congés payés non jouis et des dommages-intérêts. La demande reconventionnelle de Wassoul'or-SA a été aussi rejetée. Elle a formé un pourvoi contre cet arrêt.

La demanderesse au pourvoi reproche à la cour d'appel d'avoir mal interprété et qualifié les faits de l'affaire. La cour d'appel avait statué que les mesures prises par la direction générale de Wassoul'or à l'égard du gestionnaire équivalaient à un licenciement abusif en violation des dispositions du Code du travail.

La demanderesse au pourvoi argue que cette qualification est erronée, car il n'y avait pas eu de licenciement en l'espèce et que la direction générale avait pris des mesures pour affecter le gestionnaire à un nouveau poste, mais qu'il n'a pas rejoint ce poste. Elle affirme que ces faits ne tombent pas sous le champ d'application de l'article L. 40 du Code du travail, qui régit les procédures de licenciement. Par conséquent, elle soutient que la décision de la cour d'appel mérite d'être annulée par la Haute Juridiction.

Le deuxième moyen du pourvoi en cassation conteste le fondement juridique de la décision rendue par la cour d'appel. La demanderesse affirme que la cour d'appel s'est appuyée sur une jurisprudence sélective pour qualifier les actions de la direction générale de Wassoul'or comme une modification substantielle du contrat de travail. Elle soutient que la nomination du gestionnaire, directeur des ressources humaines au poste de responsable financier, n'a pas constitué une modification substantielle du contrat, car son salaire et ses avantages ont été maintenus. Elle fait également référence à des arrêts de la Cour de cassation française pour étayer son argument selon lequel un employeur peut changer les conditions de travail d'un salarié en lui attribuant de nouvelles tâches sans que cela constitue une modification du contrat de travail.

Problème de droit :

Dans le cadre du droit du travail au Mali, ***comment doit être interprété l'article L. 58 du Code du travail en ce qui concerne la possibilité pour un employeur de rompre un contrat lorsque le travailleur refuse une modification substantielle du contrat, et quelles sont les conséquences juridiques de cette rupture pour l'employeur et le travailleur ?***

La Haute Juridiction soutient en l'espèce comme la cour d'appel que la modification du contrat de travail proposée par l'employeur était substantielle, car elle entraînait un changement d'emploi et de fonctions (passant de directeur des ressources humaines à responsable financier). La Cour ajoute que la modification par l'employeur n'était pas prévue dans le contrat de travail initial et que, malgré le refus du transfert par le travailleur, l'employeur n'a pas retiré son offre de modification du contrat avant la date de prise d'effet. La Cour souligne que la jurisprudence reconnaît qu'un ***contrat de travail est modifié lorsque le salarié est transféré à un autre employeur***.

En substance, la Cour affirme qu'en l'espèce la rupture du contrat de travail étant consommée est imputable à l'employeur et qu'elle doit être considérée comme un ***licenciement sans cause réelle et sérieuse***. De plus, elle rappelle que lorsque le licenciement intervient sans respect des formalités légales, certaines indemnités sont automatiquement dues au salarié.

1. **Leçon à retenir :**

Les modifications unilatérales apportées par un employeur au contrat de travail, qui ne sont pas prévues dans le contrat initial et qui sont refusées par le travailleur, peuvent être considérées comme un licenciement sans cause réelle et sérieuse.

2. Élément d'information pratique :

Demande reconventionnelle

Article 58 du CPCCS

Une demande reconventionnelle est une demande formulée par le défendeur dans le cadre d'une action en justice. Contrairement à la demande principale de l'initiateur de l'action (le demandeur), qui vise à obtenir un redressement ou une réparation pour une réclamation spécifique, la demande reconventionnelle est une action distincte intentée par le défendeur contre le demandeur au sein du même procès.

Les demandes reconventionnelles sont généralement utilisées lorsque le défendeur estime qu'il a lui-même une réclamation valable contre le demandeur en rapport avec la même situation factuelle ou le même litige. Au lieu de déposer une action distincte, le défendeur peut inclure cette demande reconventionnelle dans son mémoire. Cela permet au tribunal de traiter toutes les réclamations liées à un litige en une seule affaire.

Le licenciement

En droit malien, le licenciement est régi par le Code du travail :

Article 51-55 du Code travail de 1992 (consolidé en 2019)[1]

Licenciement pour motif personnel : Selon le Code du travail malien, l'employeur peut licencier un salarié pour motif personnel. Cependant, ce licenciement doit être justifié par une « cause réelle et sérieuse ». La loi

---

[1] Loi n° 1992-20 du 18 août 1992 portant Code du travail (*JO* 1992-08-sp), dernière modification, la loi n° 2019-025 du 5 juillet 2019 portant modification de la loi n° 92-020 du 23 septembre 1992, modifiée, portant Code du travail en République du Mali (*JO* 2019-21)].

ne donne pas de définition précise de ce terme, mais il est généralement interprété comme signifiant que le motif du licenciement doit être valable et sérieux.

En cas de licenciement sans cause réelle et sérieuse, l'employeur peut être tenu de verser des **indemnités au travailleur licencié**. Le montant de ces indemnités peut varier en fonction de l'ancienneté du salarié et d'autres facteurs. Dans certains cas, le tribunal peut ordonner la ***réintégration du travailleur dans son poste*** si le licenciement est considéré comme abusif.

Modification substantielle du contrat

La modification substantielle du contrat de travail se produit lorsque l'employeur ou l'employé apporte des changements importants aux termes et aux conditions du contrat de travail existant. Ces modifications peuvent affecter divers aspects du contrat, tels que le salaire, les heures de travail, la nature des tâches, le lieu de travail, ou d'autres éléments substantiels du contrat initial.

En général, pour apporter des ***modifications substantielles*** au contrat de travail, l'employeur et l'employé doivent s'accorder. Le consentement mutuel est crucial pour que les modifications soient juridiquement valables.

L'employeur est souvent tenu de fournir une **notification préalable** des modifications proposées au contrat de travail. Si l'employé refuse les modifications substantielles et que celles-ci sont imposées sans son consentement, cela peut constituer un licenciement abusif ou une rupture du contrat de travail par l'employeur, ce qui peut entraîner des conséquences légales pour l'employeur.

Arrêt Données à caractère personnel/2017

Cet arrêt précise les modalités des règles applicables en matière de protection des données personnelles au Mali.

Références : Arrêt Données à caractère personnel		
Arrêt n° 641 du 23/11/2017	**Mali, Cour suprême, section administrative, 23 novembre 2017, 641**	Nature : Recours pour excès de pouvoir.
Objet principal : La protection des données à caractère personnel		

Le 23 décembre 2016, un étudiant domicilié à Bamako a déposé une plainte auprès du président de **l'Autorité de protection des données à caractère personnel** contre la société Orange Mali SA. Il accusait Orange Mali SA d'avoir divulgué illégalement ses données personnelles à une tierce personne, en violation de l'article 8 de la loi n° 2013-015 du 21 mai 2013 sur la protection des données à caractère personnel.

Le plaignant avance qu'une stagiaire de la société Orange Mali SA, avec laquelle il entretenait une relation, lui a révélé avoir eu accès à ses messages téléphoniques sur son numéro Orange entre le 2 février et le 2 décembre 2016. En guise de preuve, elle lui a fourni une copie de ses transactions effectuées via le service « Orange Money » le 1er décembre 2016. Après une procédure contradictoire, l'APDP a rendu une délibération le 13 février 2017, condamnant Orange Mali SA à payer une amende de quinze millions de francs CFA. En mars 2017, Orange Mali SA a demandé à la Cour suprême l'annulation de la décision. Elle a également demandé l'intervention forcée de l'étudiant.

Orange Mali conteste la décision de l'APDP car elle a été prise par un quorum insuffisant de 14 membres au lieu des 15 requis par l'article 21 de la loi malienne, que cette irrégularité entache la validité de la décision. De plus, Orange Mali soutient que la décision de l'APDP viole l'article 20 de l'acte additionnel de la CEDEAO y afférent, qui dispose qu'une mise en demeure est obligatoire avant l'application d'une amende et que cette formalité n'a pas été respectée.

En raison des violations présumées de la loi malienne et de l'acte additionnel de la CEDEAO sur la protection des données à caractère personnel, Orange Mali sollicite de la Cour l'annulation de la décision de l'APDP.

Le conseil de l'intervenant réfute l'accusation de violation de l'article 21 en arguant que la décision de l'APDP a été prise à la majorité des deux tiers des membres présents, conformément à la loi. L'article 21 exige une majorité des deux tiers, et non une majorité absolue. Les 14 membres présents constituent une majorité des deux tiers des 15 membres totaux. Le conseil de l'intervenant rejette aussi l'accusation de violation de l'article 20 de l'acte additionnel de la CEDEAO en soulignant que l'APDP est habilitée à sanctionner Orange Mali pour manquement à la sécurité des données et préjudice causé à l'étudiant, en vertu de l'article 19.

La direction générale du contentieux de l'État rejette l'argument d'Orange Mali sur le quorum de l'APDP en soulignant que la loi et le règlement intérieur autorisent les décisions à la majorité des deux tiers des membres présents, et que la présence de 15 membres n'est pas obligatoire. Elle rappelle que la loi malienne sur la protection des données à caractère personnel autorise des sanctions administratives et pécuniaires pour les violations de données, et qu'une mise en demeure n'était pas nécessaire pour l'infraction instantanée commise par Orange Mali. Et que contrairement à d'autres infractions telles que le défaut de déclaration ou de demande d'autorisation de traitement, qui sont des infractions continues et peuvent faire l'objet d'une mise en demeure préalable. Par conséquent, l'absence de mise en demeure ne peut pas annuler les effets d'une infraction déjà commise.

Le problème de droit :

L'article 21 de la loi n°2013-015 du 21 mai 2013 sur la protection des données à caractère personnel au Mali exige-t-il la présence de tous les membres pour la validité d'une délibération, ou suffit-il d'une majorité des deux tiers (2/3) des membres présents ?

L'article 20 de l'Acte additionnel relatif à la protection des données personnelles dans l'espace CEDEAO exige-t-il expressément une mise en demeure préalable avant d'imposer des sanctions pécuniaires ? À l'affirmative, cette exigence s'applique-t-elle uniquement aux infractions continues ?

On peut noter que la section administrative de la Cour a fait droit aux prétentions de parties défenderesses. La Cour a reconnu que la loi prévoit la présence de 15 membres à l'APDP, mais que les décisions sont valides si elles sont prises à la majorité des deux tiers des membres présents. En l'espèce, avec 14 membres présents, le seuil de majorité a été atteint, rendant la délibération légale.

Par ailleurs, la Cour a souligné que la loi nationale est conforme à l'Acte additionnel de la CEDEAO, en déterminant les infractions, les organes compétents pour les traiter et les procédures pour les sanctions en cas de violation des objectifs de l'acte additionnel. Elle a également noté que l'article 20 de l'acte additionnel ne mentionne pas explicitement une mise en demeure préalable avant l'imposition de sanctions pécuniaires et que cela s'applique principalement aux infractions continues. Dans le cas en question, l'infraction était considérée comme déjà consommée et était soumise aux sanctions pécuniaires en vertu de la loi nationale. Ainsi, l'argument d'Orange Mali SA a été rejeté comme non fondé.

Arrêt Baguinéda-Est/2021

Le requérant n'ayant pas invoqué un cas d'ouverture à cassation prévu par la loi, son pourvoi est irrecevable.

Références : Arrêt Baguinéda-Est		
Arrêt n° 80 du 18 octobre 2021	**Mali, Cour suprême, chambre criminelle, 18 octobre 2021, 80**	Nature : Dommage à la propriété immobilière d'autrui et voies de fait
	Pourvoi n° 19 du 15 mars 2011	
Objet principal : Les moyens de pourvoi en cassation		

En 1995, un Monsieur a obtenu un lot de terre dans le lotissement de Baguinéda-Est. Plus tard, lorsqu'il a tenté de le développer, il a été confronté à l'opposition des autorités coutumières, malgré la médiation du chef d'arrondissement. Il a porté plainte contre huit personnes pour dommage volontaire à la **propriété immobilière d'autrui et voies de fait**. Le tribunal de Kati a déclaré les prévenus non coupables, ce qui a conduit le demandeur à faire appel. La cour d'appel a confirmé le jugement initial. La Cour suprême, saisie par ce dernier, a cassé cet arrêt et renvoyé l'affaire devant une nouvelle composition de la cour d'appel de Bamako. Cette nouvelle composition a à nouveau confirmé le jugement initial. Le pourvoi en cassation est dirigé contre cet arrêt.

Le demandeur au pourvoi a soulevé deux moyens de cassation, le second fait l'objet de ce résumé, il argue que les juges de la cour d'appel ont confirmé le jugement attaqué du tribunal correctionnel de Kati, qui avait été cassé. Il estime que la cour d'appel aurait dû rendre un arrêt contraire à l'arrêt cassé et que leur décision est donc susceptible d'être censurée par la Cour suprême.

Problème de droit :

La confirmation d'une décision du tribunal d'instance par la cour d'appel constitue-t-elle un motif de pourvoi en cassation recevable au regard de l'article 88 de la loi organique n° 2016-046 du 23 septembre 2016 régissant la Cour suprême ?

La chambre criminelle soutient que conformément à l'article 88 de la loi organique[2] n° 2016-046 du 23 septembre 2016 régissant la Cour suprême, la confirmation d'une décision du tribunal d'instance par la cour d'appel n'est pas considérée comme un motif permettant un pourvoi en cassation. Cette loi énumère les cas spécifiques dans lesquels un pourvoi en cassation est possible, tels que *la violation de la loi, l'excès de pouvoir, l'incompétence, le défaut de base légale, la contrariété de jugement, la perte de fondement juridique, la dénaturation de l'écrit, le vice de forme, le défaut de réponse aux conclusions des parties ou aux réquisitions du ministère public.*

En ne faisant pas valoir un cas d'ouverture mentionné dans la loi organique, le moyen soulevé dans le présent cas de cassation est déclaré irrecevable.

La leçon à retenir :

En d'autres termes, pour qu'un pourvoi en cassation soit recevable devant la Cour suprême, il est indispensable qu'il se fonde sur l'un des motifs limitativement énumérés dans l'article 88 de la loi organique n° 2016-046 du 23 septembre 2016. Si le pourvoi ne vise aucun de ces motifs, il sera déclaré irrecevable par la Cour suprême.

---

[2] Loi n° 2016-046 du 23 septembre 2016 portant loi organique fixant l'organisation, les règles de fonctionnement de la Cour suprême et la procédure suivie devant elle.

Arrêt NALLIAS/2016

La Cour rappelle que les juges ne peuvent pas statuer en dehors des limites de leurs compétences.

Références : Arrêt NALLIAS		
Arrêt n° 18 du 17 mai 2016	**Mali, Cour suprême, 17 mai 2016, 18**	Nature : Réclamation de sommes
	Pourvoi n° 19 du 15 mars 2011	
Objet principal : Excès de pouvoir, *ultra petita*		

La chambre commerciale de la Cour précise que l'excès de pouvoir ne peut être invoqué comme motif de cassation que si le juge ayant statué sur le litige a outrepassé ses compétences en méconnaissant une règle d'ordre public. En d'autres termes, le juge du fond excède ses pouvoirs lorsqu'il statue sur des points qui ne lui ont pas été soumis et viole ainsi l'article 5 du Code de procédure civile, commerciale et sociale (CPCCS).

Il résulte des faits qu'en 2013 la société Nouvelle Alliance d'assurance (NALLIAS-SA) a passé une commande de divers articles à la société SINNAVI. Après réception des articles, NALLIAS-SA a signalé des erreurs de frappe dans le texte et n'a pas payé le reste du montant dû. SINNAVI a intenté une action en justice en 2014 pour réclamer le paiement devant le tribunal de commerce de Bamako, qui a statué en dernier ressort en sa faveur en condamnant NALLIAS-SA à payer 2 918 700 f CFA en principal. NALLIAS-SA se pourvoit en cassation en soulevant deux moyens.

Le requérant reproche au jugement d'avoir méconnu les articles 12 du Code de procédure civile, commerciale et sociale (CPCCS) et 37 du Règlement général d'organisation (RGO) en assimilant l'erreur perçue comme un vice de consentement à une simple faute ou erreur grammaticale dans l'exécution d'une commande de document publicitaire. Il soutient que la question litigieuse relève en réalité d'une non-conformité de l'article commandé. La Cour suprême, dans son analyse, observe que la motivation du jugement se focalise sur la question de la conformité de la commande à la demande du client et ne mentionne aucunement l'erreur invoquée comme un vice de consentement.

Le demandeur au pourvoi conteste également le jugement pour un second motif. Il reproche au juge d'instance d'avoir statué "ultra petita" en réduisant unilatéralement le montant des engagements contractuels de 500 000 FCFA. En effet, ni NALLIAS-SA ni SINNAVI n'ont sollicité une telle réduction. De plus, le jugement ne fournit aucune justification pour cette déduction du montant réclamé. En conséquence, le demandeur considère que le jugement est entaché d'une erreur de droit et doit être annulé.

Problème de droit :

Constitue-t-il un excès de pouvoir pour un juge de statuer sur une matière qui ne relève pas de sa compétence ?

La chambre commerciale de la Cour suprême argue qu'il y a eu excès de pourvoi parce que le juge compétent a réduit le montant réclamé de 500 000 f CFA de sa propre initiative, sans qu'aucune demande en ce sens ait été présentée. La Cour fait référence à l'article 5 du Code de procédure civile et commerciale, qui stipule que le juge doit se prononcer uniquement sur ce qui est demandé et seulement sur ce qui est demandé. En agissant comme il l'a fait, le juge aurait dépassé les limites de son autorité définie par l'article 5, ce qui rendrait sa décision passible de censure.

La Cour casse et annule le jugement en question et renvoie l'affaire et les parties devant le tribunal de commerce de Bamako avec une nouvelle composition.

Élément d'information pratique :

Ultra petita

Ultra petita est une expression juridique latine qui signifie « au-delà de ce qui est demandé ». En droit, elle fait référence à une situation où une décision judiciaire accorde plus que ce qui a été demandé dans la plainte ou la demande initiale d'une partie. En d'autres termes, si le tribunal rend une décision qui accorde des réparations ou des droits qui n'ont pas été spécifiquement réclamés par l'une des parties dans l'affaire, cela peut être considéré comme un excès de pouvoir (*ultra petita*) et être susceptible de cassation.

Le vice de consentement : article 29-41 du Code des obligations[3].

En droit des contrats, le « vice de consentement » fait référence à une situation dans laquelle l'une des parties à un contrat a donné son consentement pour conclure le contrat, mais ce consentement a été vicié ou altéré d'une manière ou d'une autre. Les vices de consentement remettent en question la validité du contrat en raison de l'absence de consentement libre et éclairé de l'une des parties. Il existe généralement trois types de vices de consentement :

L'erreur : Il s'agit d'une fausse représentation ou d'une méprise de l'une des parties sur un élément essentiel du contrat. Si une partie signe un contrat

[3] L'appellation officielle : Régime général des obligations : loi n° 87-31/AN-RM du 29 août 1987.

en croyant à tort un fait important qui s'avère être faux, son consentement est vicié par l'erreur. Si l'erreur est fondée et substantielle, elle rend le contrat nul et non avenu.

Le dol : Le dol se produit lorsqu'une partie induit délibérément l'autre en erreur ou la trompe afin de la faire conclure le contrat. Il s'agit d'une conduite frauduleuse visant à influencer le consentement de l'autre partie. Si le dol est prouvé, le contrat est nul.

La violence : La violence dans le contexte des vices de consentement se produit lorsqu'une partie est contrainte ou forcée de conclure un contrat contre sa volonté. Cette coercition peut être physique ou morale et économique. Si une partie est victime de violence, le contrat est nul.

La présence d'un vice de consentement rend un contrat nul et non avenu, et c'est une nullité relative, seule la partie affectée a le droit de demander l'annulation du contrat. En pratique, une partie qui souhaite annuler un contrat en raison d'un vice de consentement doit généralement agir rapidement après avoir découvert le vice.

Arrêt mandat de dépôt/2020

Cet arrêt rappelle que la justice doit être impartiale et objective, et qu'elle ne doit pas être influencée par des facteurs émotionnels ou par la pression populaire.

Références: Arrêt mandat de dépôt		
Arrêt n° 137 du 19 octobre 2020	**Mali, Cour suprême, 19 octobre 2020, 137**	Nature : Annulation d'ordonnance de maintien en détention provisoire
	Pourvoi n° 30 du 27 novembre 2019	
Objet principal : Mandat de dépôt		

D'après cet arrêt, la Cour suprême avance que des facteurs tels que les sentiments émotionnels et la colère du public ne peuvent pas être considérés comme des justifications pour maintenir un détenu en détention.

En l'affaire, le juge d'instruction a inculpé un Monsieur pour un enlèvement suivi d'assassinat survenu en mai 2018, a décerné un mandat de dépôt contre celui-ci qui a été placé en détention provisoire en mai 2018. Après deux refus de mise en liberté provisoire en juillet 2018 et juin 2019, le magistrat instructeur a émis une ordonnance n° 57 en date du 4 juin 2019, maintenant l'inculpé en détention. Sur appel de l'inculpé, la chambre d'accusation de la cour d'appel de Bamako a confirmé cette ordonnance en novembre 2019. Le pourvoi en question vise à contester cette décision de la cour d'appel. Le conseil du demandeur a soulevé deux moyens de cassation pour contester la décision de la chambre d'accusation. Le premier moyen se base sur la violation de l'article 135 du CPP. Il argumente que la chambre d'accusation a confirmé une ordonnance de maintien en détention du juge d'instruction datée du 4 juin 2019, alors que le mandat de dépôt avait été émis le 21 mai 2018, soit plus d'un an auparavant. Le second moyen invoque le défaut de base légale. Le conseil du demandeur critique la chambre d'accusation pour ne pas avoir fourni une justification légale suffisante pour sa décision. Il estime que la chambre s'est contentée de déclarations générales sans un raisonnement juridique approprié.

Problème de droit :

Dans quelles circonstances et selon quelles conditions peut être prolongée la durée d'un mandat de dépôt au-delà d'un an en matière criminelle, en référence à l'article 135 du CPP ?

La chambre criminelle argue que l'article sus-évoqué dispose que, en matière criminelle, la durée d'un mandat de dépôt ne peut excéder un an, mais que, s'il est nécessaire de maintenir la détention, le juge d'instruction doit renouveler la détention par une ordonnance spécialement motivée dans les huit jours ouvrables précédant l'expiration du délai d'un an. Qu'en l'espèce le mandat de dépôt contre le demandeur au pourvoi a été décerné le 21 mai 2018, et l'ordonnance de maintien en détention a été prise le 4 juin 2019, plus d'un an après le mandat de dépôt initial. La Cour suprême soutient que la chambre d'accusation a violé cet article en confirmant l'ordonnance de maintien en détention et que le moyen de violation de cet article est donc pertinent et mérite d'être accepté.

S'agissant du second moyen, la Cour suprême relève que la décision contestée est entachée d'une insuffisance de motivation. En effet, les motifs exposés ne permettent pas à la Cour suprême de vérifier si les faits constitutifs de l'infraction reprochée étaient effectivement réunis en l'espèce. En l'espèce, elle soutient que la chambre d'accusation a énoncé des motifs tels que l'émotion et la colère de la population, le non-accomplissement de l'interrogatoire au fond de l'inculpé et la préservation de l'ordre public, au lieu de vérifier si l'ordonnance de maintien en détention du juge d'instruction était intervenue dans le délai légal. Par conséquent, la Cour suprême casse et annule la décision, renvoyant l'affaire devant la chambre d'accusation de la cour d'appel de Bamako avec une nouvelle composition.

Élément d'information pratique :

Sur le Mandat de dépôt : Art.114 à 158 du code de procédure pénale.

Le mandat de dépôt est un acte juridique ordonnant la détention provisoire d'une personne dans le cadre d'une procédure pénale. Il est délivré par le juge d'instruction ou le procureur de la République.

Conditions de délivrance : Le mandat de dépôt peut être délivré si :

- Il existe des charges suffisantes contre la personne mise en examen ;
- La détention provisoire est nécessaire pour :
    - Garantir la comparution de la personne mise en examen ;
    - Empêcher la commission d'une nouvelle infraction ;
    - Empêcher la concertation avec d'autres personnes pour entraver l'instruction.

Le mandat de dépôt est d'une ***durée maximale de six mois en matière correctionnelle et d'un an en matière***

criminelle. Il peut être renouvelé une ou plusieurs fois, dans les mêmes conditions. La personne mise en examen peut contester le mandat de dépôt devant la chambre de l'instruction. Le régime juridique du mandat de dépôt est encadré par ***les articles 114 à 158 du Code de procédure pénale.***

Arrêt CMDT/2021

La Cour suprême a statué qu'une simple erreur matérielle ne justifie pas la cassation d'une décision de justice.

Références : Arrêt CMDT		
Date de l'arrêt : **17/03/2021**	**Mali, Cour suprême, 17 mars 2021, 07**	Nature : Réparation de préjudice
Numéro d'arrêt : 07	Pourvoi n° 289 du 14/08/2018	
Objet principal : Autorité de la chose jugée, erreur matérielle		

La Cour suprême soutient qu'une simple erreur matérielle ne donne pas lieu de cassation mais nécessite une rectification.

La Compagnie cotonnière ivoirienne (LCCI-SA) avait conclu des contrats de production avec des coopératives de coton situées dans le nord de la Côte d'Ivoire, près de la frontière malienne. En vertu de ces contrats, LCCI-SA s'engageait à fournir aux paysans un encadrement technique et à préfinancer leurs intrants agricoles. En contrepartie, les coopératives s'obligeaient à vendre l'intégralité de leur récolte de coton à LCCI-SA. Cependant, les paysans ont manqué à leurs obligations contractuelles en vendant leur coton à la Compagnie malienne pour le développement des textiles (CMDT) par l'intermédiaire de coopératives de production maliennes. Des investigations ont révélé que les coopératives de production de coton de Zégoua au Mali avaient démarché les coopératives ivoiriennes pour les inciter à vendre leur coton à la CMDT. En raison de cette situation, LCCI-SA prétend avoir subi un préjudice et a intenté une action en parasitisme contre la CMDT et les coopératives impliquées.

Après une évaluation d'expertise dans un arrêt du 10 janvier 2018, la cour d'appel de Bamako a retenu la responsabilité *in solidum* des coopératives de production de coton de la zone frontalière malienne et de la CMDT pour parasitisme et les a condamnées solidairement à payer à la demanderesse la somme de 1 500 000 000 f CFA à titre de réparation pour toutes causes de préjudice confondues.

Mécontente de cette décision, la CMDT et consorts ont formé pourvoi contre cet arrêt, composé de trois moyens. Dans le premier moyen, les demanderesses reprochent à l'arrêt une violation de la loi, qu'il méconnaît les dispositions des articles 168 et 276 du CPCCS en ordonnant une mesure d'instruction qui est de nature à suppléer la défaillance de la LCCI dans l'administration de la preuve des faits allégués de « parasitisme » dont elle a la charge. En deuxième lieu, les demanderesses évoquent l'absence de base légale au motif que la somme réparatrice du préjudice allégué n'a pas de fondement juridique et ne fournit alors aucun élément à la Haute Juridiction d'apprécier l'application du droit. Enfin, les demanderesses reprochent à l'arrêt une contradiction de motif, d'avoir énoncé la responsabilité *in solidum* des OPA de Côte d'Ivoire et la CMDT, du fait de parasitisme, alors qu'aucune allusion n'a été faite aux OPA de Côte d'Ivoire dans le dispositif de l'arrêt, d'où la contradiction entre les motifs et le dispositif de l'arrêt attaqué.

Problème de droit :

La Cour suprême devait répondre à la question de savoir si l'énonciation des OPA de Côte d'Ivoire dans le dispositif de l'arrêt du fond était une erreur matérielle ; à

l'affirmatif, peut-elle être constitutive d'une cause de cassation ?

La Haute Juridiction répond qu'une « *simple erreur matérielle ne donnant pas ouverture à cassation mais rectifiable en vertu des dispositions de l'article 470 du CPCCS* ». Ce faisant, elle rejette le pourvoi de la CMDT.

NB : Art. 470 : Les erreurs et omissions matérielles qui affectent un jugement, même passé en force de chose jugée, peuvent toujours être réparées par la juridiction qui l'a rendu ou par celle à laquelle il est déféré, selon ce que le dossier révèle ou, à défaut, ce que la raison commande.

Élément d'information pratique :

Dommages et intérêts : articles 114-133 du Code des obligations[4]

Les dommages-intérêts, souvent désignés simplement par le terme « dommages », sont une compensation financière accordée à une partie lésée en réparation d'un préjudice subi. Les dommages-intérêts sont généralement attribués dans le cadre de litiges civils ou commerciaux. Ils visent à indemniser la partie lésée pour les pertes subies en raison du comportement fautif ou de la violation d'un droit.

- ✓ **Dommages-intérêts compensatoires** : Ces dommages visent à compenser la partie lésée pour les pertes financières réelles qu'elle a subies en raison du préjudice. Ils peuvent inclure des frais médicaux, des pertes de revenus, des coûts de réparation, etc.
- ✓ **Dommages-intérêts moraux** : Également appelés dommages-intérêts pour souffrances endurées, ils

[4] Régime général des obligations : loi n° 87-31/AN-RM du 29 août 1987

sont attribués pour compenser la douleur physique ou émotionnelle subie par la partie lésée.

- ✓ **Dommages-intérêts matériels** : Ils couvrent les dommages causés à la propriété ou aux biens de la partie lésée, tels que les dommages matériels causés à un véhicule.

Les dommages-intérêts sont généralement ***calculés en fonction des preuves présentées*** devant le tribunal. Il est important de fournir des éléments de preuve solides pour établir la nature et l'ampleur du préjudice subi.

La partie lésée doit généralement démontrer que le préjudice qu'elle a subi est directement imputable à l'acte fautif ou à la violation d'un droit de la partie adverse.

Les dommages-intérêts sont généralement déterminés par un tribunal. Le tribunal peut prendre en compte divers facteurs, y compris la gravité du préjudice, la faute de la partie responsable, les circonstances entourant l'affaire, etc.

La responsabilité *in solidum*

La responsabilité *in solidum* est une notion juridique[5] qui établit une forme particulière de responsabilité dans laquelle plusieurs parties sont tenues conjointement et solidairement responsables d'une obligation ou d'un dommage.

Lorsque plusieurs parties sont tenues *in solidum* responsables, chacune d'entre elles est considérée

---

[5] A. BÉNABENT, *Droit des obligations*, LGDJ, coll. : « Précis Domat », 19e éd., 2021 ; Ph. DELEBECQUE, F.-J. PANSIER, *Droit des obligations*, vol. 1 : *Contrats et quasi-contrats*, Éd. LexisNexis Objectif droit, 8e éd. 2018.

comme responsable de l'obligation ou du dommage dans son intégralité, et non simplement d'une part proportionnelle. Cela signifie que si l'une des parties ne peut pas remplir son obligation ou indemniser le dommage, les autres parties peuvent être tenues de payer la totalité de la dette ou de l'indemnisation.

La responsabilité *in solidum* crée une sorte de « ***solidarité passive*** » entre les parties responsables. Cela signifie que la victime ou le créancier peut choisir de poursuivre l'une ou plusieurs des parties responsables, indépendamment des autres. La partie poursuivie peut alors se tourner vers les autres parties pour obtenir une contribution proportionnelle à sa part. La responsabilité *in solidum* est souvent utilisée pour garantir que les victimes de préjudices soient correctement indemnisées. Cela peut être particulièrement important dans les cas de dommages corporels, de pollution environnementale ou d'autres situations où les dommages sont importants.

La responsabilité *in solidum* peut également être stipulée dans un contrat ou résulter de la loi. Par exemple, dans un contrat, les parties peuvent convenir d'une responsabilité *in solidum* en cas de non-respect des termes du contrat. Il est important de noter que la responsabilité *in solidum* diffère de la responsabilité conjointe. Dans le cas de la responsabilité conjointe, chaque partie n'est tenue responsable que de sa part proportionnelle de l'obligation ou du dommage, tandis que dans la responsabilité *in solidum*, chaque partie est responsable de la totalité.

Arrêt SOTELMA/2021

La Cour a statué que le délai d'appel en matière sociale est régi par le seul Code du travail

Références : Arrêt SOTELMA		
Date de l'arrêt : **09/02/2021**	**Mali, Cour suprême, 9 février 2021, 02**	Nature : Réclamation de droits et dommages-intérêts
	Pourvoi n° 57 du 17/07/2020	
Objet principal : Les fins de non-recevoir tirées du délai de la forclusion – délai d'appel		

Selon la Cour suprême, le délai d'appel en matière sociale est et demeure régi par le seul Code du travail à l'exclusion de toute application de l'article 782 du CPCCS sur les notifications.

Un ex-employé de la SOTELMA-SA, débouté de sa demande d'indemnité et de dommages-intérêts par le tribunal de travail et la cour d'appel de Bamako, obtient un arrêt de cassation. La cour d'appel de Bamako, autrement composée, condamne l'intimé à payer 353 724 160 FCFA et 20 000 000 FCFA de dommages-intérêts. L'intimé se pourvoit en cassation.

L'intimé a cherché devant la cour d'appel à faire déclarer la demande irrecevable par des exceptions de procédure. Au pourvoi, elle fonde ses prétentions sur deux moyens de pourvoi à savoir la violation de la loi et du défaut de base légale. À cet effet, son premier moyen se subdivise en six branches. Dans la première, elle allègue la violation de l'article L. 216 alinéa 1 du Code du travail qui prévoit un **délai de 15 jours de forclusion à peine d'irrecevabilité de l'appel**, au motif que l'appel a été effectué plus de 15 jours après le prononcé du jugement du 24 avril 2017. En deuxième et troisième branches, reprochant à l'arrêt d'avoir violé les articles 118 et 119 du CPCCS au motif que la cour d'appel a ajouté une condition supplémentaire sur la fin de non-recevoir tirée de la forclusion et de la prescription. En ce qui concerne la quatrième branche, elle évoque la violation de l'article 121 du CPCCS au motif que les fins de non-recevoir doivent être relevées d'office lorsqu'elles ont un caractère d'ordre public, notamment lorsqu'elles résultent de l'inobservation des délais dans lesquels doivent être exercées les voies de recours ou de l'absence d'ouverture d'une voie de recours.

En cinquième branche, au-delà des questions de procédure, il est reproché à l'arrêt d'avoir violé l'article L. 95 du Code du travail au motif que les juges d'appel ont une fausse application dudit article. Enfin, l'intimé estime avoir apporter des preuves au soutien de ses prétentions, ce qui n'a pas été pris en compte par l'arrêt attaqué, d'où il sort que la cour d'appel a violé l'article 9 du CPCCS. Quant au second moyen, la demanderesse soutient que l'arrêt est dépourvu de base légale au motif que la somme de 20 000 000 f CFA a été allouée à titre de dommages-intérêts sur le fondement de l'article 123 du RGO, alors que ce texte n'est applicable que dans l'hypothèse où le juge accorde une réparation en nature et accorde des dommages-intérêts.

Problème de droit :

En effet, le système juridictionnel malien repose sur l'existence du principe du double degré de juridiction selon

lequel chaque affaire doit pouvoir être jugée deux fois. Si chaque litige peut être réexaminé par une juridiction supérieure d'appel dans son intégralité, tant sur le fond que sur la forme, **alors, quelle conséquence juridique pour l'inobservation du délai légal pour faire appel à un jugement ?** Une question banale mais qui peut soulever beaucoup d'encre.
La chambre sociale de la Cour suprême n'a pas jugé nécessaire de donner suite à toutes les prétentions de la demanderesse. Il lui a suffi pour casser l'arrêt attaqué se prononçant sur la première branche du premier moyen de pourvoi relative au **délai d'appel**. Mais, selon la Cour suprême, « *contrairement aux arguments développés par la demanderesse au pourvoi, le délai d'appel en matière sociale est et demeure régi par la seule disposition susvisée de la loi n° 92-020 du 23 septembre 1992 portant Code du travail à l'exclusion de toute application de l'article 782 du CPCCS sur les notifications.* La cour ajoute qu'au sens de l'article 216 du Code du travail le délai d'appel est *« de 15 jours à compter du prononcé du jugement si celui-ci est contradictoire » ;* que, dans le cas de figure, *« le jugement entrepris ayant été contradictoirement rendu le 24 avril 2017 et l'appel... interjeté le 17 août 2017 soit plus de trois (3) mois après le prononcé de celui-ci, il convient de dire que l'arrêt attaqué viole l'article L. 216 du Code du travail par refus d'application de la loi* ».

La Cour suprême a fondé sa décision sur une analyse précise des dispositions du Code du travail applicable en l'espèce.

Élément d'information pratique :

Les **fins de non-recevoir** : article 118-122 du CPCCS[6].

---

[6] Décret n° 99-254 du 15 septembre 1999 portant Code de procédure civile, commerciale et sociale modifié par le décret n° 09-220/P-RM du 11 mai 2009 (*JO* 2009-23).

Sont des moyens de défense proéduraux utilisés dans le domaine juridique pour s'opposer à la recevabilité d'une action en justice ou d'une réclamation en cours de procès. En d'autres termes, les fins de non-recevoir sont des arguments qui visent à faire rejeter une demande judiciaire avant même que le tribunal n'entre dans l'examen du fond de l'affaire. Elles peuvent être soulevées par l'une des parties (le défendeur) ou être évoquées d'office par le tribunal si elles sont évidentes.

Des cas courants de fins de non-recevoir :

Lorsqu'une réclamation est présentée après l'expiration du délai de ***prescription*** applicable, le défendeur peut soulever une fin de non-recevoir en faisant valoir que la réclamation est prescrite et donc irrecevable.

Délai de forclusion, dans certains cas, il existe des délais de forclusion plus courts que les délais de prescription, qui limitent le temps pendant lequel une réclamation peut être engagée. Le non-respect de ces délais peut entraîner une fin de non-recevoir.

Si la partie qui engage l'action n'a pas la qualité légale ou la capacité pour le faire (par exemple, un mineur non émancipé ou une personne non autorisée à agir au nom d'une entité), le défendeur peut soulever une fin de non-recevoir. Le défendeur peut faire valoir que la partie demanderesse n'a pas d'intérêt légal à agir dans l'affaire, ce qui rend sa réclamation irrecevable.

Litispendance : Si une autre procédure judiciaire concernant les mêmes parties et les mêmes questions est déjà pendante devant un autre tribunal, une fin de non-recevoir peut-être soulevée en raison de la litispendance.

Chose jugée : Si la question soulevée dans la réclamation a déjà été tranchée par un tribunal dans une décision définitive, le défendeur peut invoquer la chose jugée comme fin de non-recevoir.

Arrêt, objet principal : décision par défaut

Références		
Date de l'arrêt : **17/01/2005**	**Mali, Cour suprême, section judiciaire, 17 janvier 2005, 3**	Nature : Divorce
Numéro d'arrêt : n° 003	Pourvoi n° 22 du 5 décembre 2003	
Objet principal : Le délai de pourvoi – décision par défaut		

Il était en l'espèce question d'un divorce, lequel a fait l'objet d'un arrêt de la cour d'appel de Bamako contre lequel le demandeur a formé ce pourvoi en cassation qui fut déclaré recevable en raison qu'il est rendu par défaut.

Problème de droit :

Quel est le délai pour faire un pourvoi en cassation contre une décision rendue par défaut ?

Dans cet arrêt, la Cour suprême se prononce sur le délai de pourvoi à l'encontre d'un arrêt rendu par défaut. Elle a saisi l'occasion de procéder à un rappel de règles rudimentaires concernant cette voie de recours particulière.

La Cour suprême conclut à la recevabilité de ce dernier en indiquant, au visa de l'article 629 du CPCCS, qu'il résulte de ce texte « que le pourvoi est formé : 1) dans les 3 jours du prononcé de la décision si elle est contradictoire ; 2) dans le même délai qui ne court qu'à compter du jour où l'opposition n'est plus recevable si la décision est rendue par défaut ». Or, en l'occurrence, le pourvoi avait été formé à l'encontre d'un arrêt par défaut réputé contradictoire et signifié le 27 novembre 2003 et que le demandeur ne l'a reçu que le 3 décembre 2003. En conséquence selon la cour, le délai du pourvoi doit commencer à courir à partir du 3 décembre 2003 » ; alors le pourvoi étant formé le 5 décembre 2003, ce qui rend ce dernier recevable en la forme.

NB : Voir aussi : Mali, Cour suprême, section judiciaire, 14 février 2005, 34 (arrêt n° 034 du 14 février 2005).

Élément d'information pratique :

Décision par défaut : Art. 458-485 du CPCCS

Une **décision par défaut** est une décision rendue par un tribunal lorsque l'une des parties à un litige ne comparaît pas ou ne répond pas à une plainte ou à une action en justice dans les délais impartis par la loi ou par les règles de procédure. En d'autres termes, c'est une décision rendue en faveur de la partie qui a engagé l'action en justice (le demandeur) en raison de l'absence de réponse de l'autre partie (le défendeur).

Arrêt : Les conditions de dissolution d'un GIE

Références		
Date de l'arrêt : **22/06/2021**	**Mali, Cour suprême, 22 juin 2021, 17**	Nature : Dissolution du GIE
	Pourvoi n° 403 du 10/11/2017	
Objet principal : Les conditions de dissolution d'un GIE au regard de l'acte uniforme		

L'origine de cette affaire réside dans la requête d'un associé du groupe d'intérêt économique « Mali Chic » visant à dissoudre ledit groupe, requête à laquelle les coassociés s'opposent. Le 2 juillet 2015, l'associé en question a saisi le tribunal de commerce de Bamako d'une assignation en justice tendant à la dissolution du GIE. Le 11 novembre 2015, le tribunal a statué en faveur de ses prétentions et a ordonné la dissolution du GIE. La partie défenderesse, constituée des coassociés, a ensuite interjeté appel de cette décision devant la cour d'appel de Bamako. Le 15 mars 2017, la cour d'appel a rendu un arrêt infirmatif, déclarant la demande de dissolution mal fondée et déboutant l'associé demandeur. En réponse à cet arrêt, le 10 novembre 2017, l'associé a formé un pourvoi en cassation.

Le demandeur (associé) présente un moyen unique de cassation composé de deux branches, arguant d'une violation de la loi. Dans la première branche, il reproche à l'arrêt attaqué une fausse application de l'article 09 du CPCCS. Il soutient que les coassociés n'ont pas justifié leurs prétentions, comme l'exige ledit article, et que la cour d'appel a également violé l'article 159 de l'Acte uniforme

OHADA relatif au droit des sociétés commerciales et du GIE. Dans la seconde branche, le demandeur invoque un refus d'application de l'article 883 de l'Acte uniforme OHADA par les juges du fond. Cet article énumère les conditions de dissolution d'un GIE, dont la possibilité d'une dissolution par décision judiciaire pour justes motifs. Il reproche à l'arrêt d'espèce de faire dire audit article ce qu'il ne dispose pas, car, pour lui, l'arrêt attaqué ajoute des motifs subjectifs comme la crainte de perte d'emploi pour la centaine de travailleurs et la dizaine de membres associés.

Problème de droit :

Est-il possible d'ajouter d'autres situations non prévues par l'article 883 de l'acte uniforme sur les sociétés commerciales et GIE pour déclarer une demande de dissolution infondée ?

La chambre commerciale de la Cour suprême a rendu un arrêt, le 22 juin 2022, dans lequel elle fait droit au moyen unique soulevé par le demandeur. Sur la seconde branche du moyen, après avoir requalifié le libellé du moyen de pourvoi comme un défaut de base légale, elle affirme que ces « *critiques qui gardent toute leur pertinence prennent plutôt l'allure d'un défaut de base légale lié à l'incertitude quant au fondement juridique de la décision. Qu'il y a lieu de l'accueillir favorablement* ». Ce faisant, la cour casse et annule l'arrêt déféré et le renvoie devant la cour d'appel de Bamako autrement composée. D'où il ressort que l'article 883 de l'acte uniforme sur les sociétés commerciales et GIE a fait l'objet d'une mauvaise application par les juges du fond.

Arrêt CAMEC-Nationale/2018

La Cour suprême ne peut pas se substituer aux juges du fond pour apprécier les éléments de preuve.

Références : 1. *Arrêt CAMEC-Nationale/2018*		
Date de l'arrêt 16/10/2018	**Mali, Cour suprême, 16 octobre 2018, 32**	Nature : Réclamation de droits et dommages-intérêts
	Pourvoi n° 28 du 02/05/2017	
Objet principal : Le licenciement pour faute lourde		

La Cour suprême affirme que toute appréciation souveraine des éléments de preuve par les juges du fond échappe son contrôle.

En l'affaire, un employé en qualité de comptable a été embauché le 29 novembre 2004 par un contrat de travail à durée indéterminée signé dans une société de droit malien, ci-après CAMEC-Nationale. Cette dernière lui notifie une lettre de licenciement pour faute lourde avec effet immédiat du 23 février 2015, qui exclurait la saisine préalable de l'inspecteur du travail et le préavis. En conséquence, il assigne alors son employeur en justice pour réclamation de droits et de dommages-intérêts.

Par un jugement n° 213 du 31 août 2015, le tribunal du travail de Bamako condamne la CAMEC à payer à l'employé licencié des dommages-intérêts tirés d'indemnité pour vice de forme ; à titre d'indemnité de préavis ; à titre d'indemnité de licenciement et à titre de dommages-intérêts proprement dits. Tout au plus, il condamne la défenderesse sous astreinte à restituer les effets personnels de l'employé et ordonne l'exécution provisoire pour la moitié des droits. La cour d'appel de Bamako, sur l'appel de la défenderesse, confirme le jugement attaqué. Et sans surprise, cette dernière se pourvoit en cassation.

Au soutien de sa thèse, la demanderesse de pourvoi fait mention de trois moyens de cassation à savoir : la violation de la loi en trois branches, du défaut de réponse à conclusions et du défaut de base légale. En ce qui concerne le premier moyen, la demanderesse reproche à l'arrêt de violer par refus d'application l'article 6 du CPP en rejetant sa demande de sursis à statuer ; selon elle, une plainte au pénal pour atteinte aux biens publics, faux et usage de faux était engagée à l'encontre de l'ex-employé. Dans la deuxième branche, il est reproché à l'arrêt une violation de l'article 262 de la loi du 29/08/1987 fixant le Régime général des obligations, pour défaut de preuve des faits allégués. Dans la troisième branche, elle reproche à l'arrêt d'être rendu par deux magistrats, alors qu'il est requis trois magistrats au moins, d'où il suit que l'arrêt confirmatif a violé l'article 6 de la loi n° 88-39/AN-RM du 05/04/1988 portant réorganisation judiciaire. En outre, il est reproché à l'arrêt attaqué un défaut de réponse à conclusions en ce sens que celui-ci a totalement ignoré sa demande reconventionnelle. Enfin, le troisième moyen est tiré du défaut de base légale au motif que l'arrêt a qualifié le licenciement d'irrégulier en la forme et abusif au fond.

Problème de droit :

Le juge civil est-il légalement tenu de faire droit à un sursis à statuer lorsqu'une plainte pénale est engagée contre une partie au différend ? La demande de la

suspension de l'instance civile s'impose-t-elle au juge civil ? L'appréciation de la demande de sursis à statuer relève-t-elle du pouvoir discrétionnaire du juge et échappe-t-elle au contrôle de la Cour suprême ?

La chambre sociale de la Cour suprême a rejeté le moyen soulevé par la demanderesse au pourvoi portant demande de sursis à statuer au motif que l'article 6 du CPP indique en substance que l'action civile est soumise aux règles de la loi civile ; qu'elle peut aussi être exercée séparément de l'action publique ; que, toutefois, il est sursis au jugement de cette action exercée devant la juridiction civile tant qu'il n'a pas été prononcé définitivement sur l'action publique lorsque celle-ci a été mise en mouvement, et aux yeux de la cour, tel n'est pas le cas en l'espèce. La Cour ajoute que « compte tenu de la pertinence des arguments de droits développés par l'intimé ; il y a lieu de rejeter la demande de sursis à statuer sollicitée par la CAMEC-Nationale comme mal fondée ». Elle affirme alors sans ambiguïté, quand bien même le juge peut le soulever d'office, « toute appréciation du juge n'est pas pour autant exclue ».

Par ailleurs, sur la prétendue violation de l'article 262 de la loi du 29 août 1987 fixant le Régime général des obligations, la Cour suprême entend préciser le sens du moyen de pourvoi portant sur la violation de la loi, selon « la violation de la loi dans les arrêts revêt que cela soit expressément dit ou non ; plusieurs habillages qui correspondent pour une part à des hypothèses différentes ; qu'il peut en effet y avoir refus d'application, fausse application ou fausse interprétation de la loi ; que la violation de la loi par refus d'application suppose que le juge s'abstient d'appliquer la loi à un cas qu'elle doit régir ; qu'il y a violation de la loi par fausse application lorsque le juge s'appuie à tort sur un texte pour justifier sa décision ; qu'en revanche dans l'hypothèse de la fausse interprétation il n'est pas constaté qu'il s'est référé au bon texte, seulement il lui est reproché d'en avoir donné une interprétation erronée ; la bonne étant celle donnée par la Haute Juridiction ».

Et pour conclure que l'appréciation souveraine des éléments de preuve par les juges du fond échappe au contrôle de la Cour suprême.

Arrêt, objet principal : L'assemblée des chambres réunies

Cet arrêt rappelle les règles applicables au renvoi devant les chambres réunies.

Références		
Date de l'arrêt : **03/05/2004**	**Mali, Cour suprême, section judiciaire, 3 mai 2004, 14**	Nature : Partage de société de fait
	Pourvoi n° 151 du 19 juin 2002	
Objet principal : La liquidation judiciaire, l'assemblée des chambres réunies		

En l'espèce, il s'agit d'un litige né du partage de société suite à une liquidation qui consiste à fixer la part de chaque associé dans les valeurs actives et, éventuellement, passives qui ressortent du compte définitif de liquidation. En ce cas, à la suite d'un arrêt de la chambre civile de la cour d'appel de Bamako, le demandeur a décidé de former un pourvoi en cassation.

Problème de droit :

La Cour suprême peut-elle statuer à nouveau sur une affaire déjà jugée, entre les mêmes parties et dans les mêmes qualités, lorsqu'un même moyen est invoqué (en l'occurrence, la violation de l'article 864 de l'acte uniforme relatif aux droits des sociétés commerciales et du groupement d'intérêt économique) ?

Dans cet arrêt portant recevabilité du pourvoi formé par le demandeur, la chambre commerciale de la cour répond à l'affirmative, tout en saisissant l'occasion de préciser la règle dans ce cas de figure. Selon la Cour, « *qu'il échoie dès lors faire application de l'article 652 du Code de procédure civile, commerciale et sociale* ». Il résulte de ce texte que « lorsque, après cassation d'un premier arrêt ou jugement rendu dans la même affaire, et entre les mêmes parties procédant en la même qualité, le second arrêt ou jugement est attaqué par les mêmes moyens que le premier, la chambre à laquelle l'affaire a été attribuée saisit les chambres réunies par un arrêt de renvoi.

Dans ce cas, un conseiller appartenant à une autre chambre que celle qui a rendu l'arrêt de renvoi est chargé par le président de la Cour du rapport devant les chambres réunies. Lorsque le deuxième arrêt est cassé pour les mêmes motifs que le premier, les chambres réunies statuent en droit et renvoient l'affaire devant une autre juridiction, laquelle est tenue de se conformer à la décision de la Cour suprême sur le point de droit tranché par celle-ci ». En vertu de cet article, la Cour ordonne le renvoi de l'affaire devant la formation des chambres réunies.

Élément d'information pratique :

Redressement judiciaire en droit OHADA :

Le redressement judiciaire est une procédure conçue pour permettre à une entreprise en difficulté de réorganiser ses activités et de rembourser ses créanciers tout en continuant son exploitation. L'objectif principal est de sauvegarder l'entreprise plutôt que de la liquider. Les principales caractéristiques du redressement judiciaire en droit OHADA :

> ***Demande de redressement***/L'entreprise en difficulté ou l'un de ses créanciers peut déposer une demande de redressement judiciaire auprès du tribunal compétent.

Nomination d'un administrateur judiciaire/En cas d'acceptation de la demande, un administrateur judiciaire est généralement nommé pour superviser la réorganisation de l'entreprise. L'administrateur judiciaire travaille en collaboration avec la direction de l'entreprise pour élaborer un plan de redressement.

Plan de redressement/Un plan de redressement est élaboré pour restructurer l'entreprise, réduire ses dettes et assurer sa viabilité à long terme. Ce plan doit être approuvé par les créanciers et le tribunal.

Période de grâce/Pendant la période de redressement, l'entreprise bénéficie généralement d'une protection contre les poursuites judiciaires de la part de ses créanciers. Cela permet à l'entreprise de travailler sur la mise en œuvre du plan de redressement sans l'interférence des créanciers.

Surveillance et rapports réguliers/L'administrateur judiciaire surveille la mise en œuvre du plan de redressement et soumet régulièrement des rapports au tribunal.

Sortie du redressement/Si le plan de redressement réussit et que l'entreprise retrouve sa viabilité, elle peut sortir de la procédure de redressement et continuer ses activités normalement. A défaut, la liquidation s'impose.

La liquidation judiciaire

La liquidation judiciaire en droit OHADA est un processus juridique qui vise à mettre fin à l'activité d'une entreprise en difficulté financière de manière ordonnée, en payant ses créanciers selon un ordre de priorité établi par l'acte unique applicable.

Arrêt CCJA/2004

La question de l'incompétence d'office du juge étatique au profit de la CCJA

Références : *Arrêt CCJA*		
Date de l'arrêt : **24/05/2004**	**Mali, Cour suprême, section judiciaire, 24 mai 2004, 57**	Nature : Validation d'hypothèque
	Pourvoi n°s 252 et 253 du 13 juillet 2001	
Objet principal : La compétence exclusive en cassation de la Cour commune de justice et d'arbitrage (CCJA) de l'OHADA		

En l'espèce, ce contentieux porte sur les conditions de validité d'hypothèque qui oppose deux parties. À la suite d'un arrêt rendu le 11 juillet 2001 par la chambre civile de la cour d'appel de Bamako, le demandeur a formé un pourvoi en cassation tout en soulevant l'exception préliminaire d'incompétence de la Cour suprême.

Dans un moyen unique, elle a soulevé l'incompétence de la Cour suprême au profit de la Cour commune de justice et d'arbitrage (CCJA), en vertu de l'article 2 du traité OHADA au motif que le cas d'espèce entre dans les dispositions relatives au droit des affaires, plus précisément au droit des sûretés.

Problème de droit :

Qui des juges de cassation national ou communautaire est compétent pour connaître une affaire portant droit des affaires ?

La chambre civile de la Cour suprême a fait droit à la demande de la partie demanderesse en raison « *que le contentieux est relatif à une action en validité d'hypothèque, entraînant ainsi l'application de l'acte uniforme portant organisation des sûretés... (et) qu'aux termes de l'article 14 du traité OHADA la Cour commune de justice et d'arbitrage assure, dans les États parties, l'interprétation et l'application commune des actes uniformes* ». Et ce faisant, la Cour se déclare incompétente et se dessaisit au profit de la CCJA. La question qui demeure est de savoir si le juge doit le soulever d'office ?

Arrêt Collectivité territoriale/2004

Cet arrêt est important car il rappelle les règles applicables à la responsabilité civile des collectivités territoriales.

Références : ***Arrêt Collectivité territoriale***		
Date de l'arrêt : **28/06/2004**	**Mali, Cour suprême, section judiciaire, 2e chambre civile, 28 juin 2004, 96**	Nature : Réparation de préjudice
Numéro d'arrêt : n° 96	Pourvoi n° 146 du 5 juin 2003	
Objet principal : Collectivité territoriale – Responsabilité civile – imputabilité		

Suite aux événements de 1991, une victime a assigné en justice la mairie de la Commune IV pour responsabilité de fait d'autrui. Par un arrêt, la chambre civile de la cour d'appel de Bamako a rejeté la demande en réparation. Par conséquent, le demandeur a décidé de former ce pourvoi en cassation.

La partie demanderesse, par deux moyens, entend faire censurer l'arrêt attaqué tiré de la violation de la loi et du défaut de base légale. Dans un premier moyen, il reproche à l'arrêt d'avoir violé l'article 14 (portant sur la responsabilité des collectivités) de la loi n° 93-008 du 29 janvier 1993 déterminant les conditions de la libre administration des collectivités territoriales, la violation des articles 1382 1383 et 1384 du Code civil (avant la réforme de 2016) au motif que la mairie doit répondre aux agissements de la police en vertu de l'article 16 de la loi n° 93-008 du 29 janvier 1993. Dans le second moyen, il est fait grief à l'arrêt l'insuffisance de motivation au motif du rejet de sa demande en réparation.

Problème de droit :

Les faits des auteurs non identifiés et insubordonnés à la mairie sont-ils imputables à celle-ci ? Quelles sont les conditions d'imputabilité de responsabilité des collectivités territoriales ?

Dans un arrêt du 28 juin 2004, la 2e chambre civile de la Cour suprême adopte le même raisonnement tenu par la demanderesse, mais autrement, car la Cour met en mouvement l'article 644 du CPCCS qui lui permet de casser la décision attaquée en relevant d'office un moyen de pur droit. Selon la Cour, il ressort de l'article 16 de la loi n° 930-08 du 29 janvier 1993 que « *les collectivités territoriales sont civilement responsables des crimes et délits commis à force ouverte ou par violences collectives sur leurs territoires ou par des attroupements ou rassemblements armés ou non, soit envers les personnes, soit contre les biens publics ou privés* ». Selon la Haute Juridiction, cette loi ne pose comme condition ni la non-identification des auteurs ni leur subordination à la collectivité ; que l'arrêt déféré en tirant motivation de telles conditions viole manifestement l'article visé. Ainsi, la Cour casse et annule l'arrêt déféré puis renvoie la cause et les parties devant la cour d'appel de Bamako, autrement composée.

NB : Il est constatant que la Cour suprême se réserve de se prononcer sur le régime de responsabilité délictuelle au fondement des articles 1382, 1383 et 1384 du Code civil français, pourtant évoqué par la partie demanderesse.

Arrêt Mandat Verbal/2004

La Cour suprême ne se substitue pas aux juges du fond pour apprécier les faits et les preuves.

<table>
<tr><td colspan="3">Références : Arrêt Mandat Verbal/2004</td></tr>
<tr><td>Date de l'arrêt : 26/07/2004</td><td>Mali, Cour suprême, section judiciaire, 26 juillet 2004, 104</td><td>Nature : Annulation de vente</td></tr>
<tr><td>Numéro d'arrêt : n° 104</td><td>Pourvoi n° 123 du 23 avril 2003</td><td></td></tr>
<tr><td colspan="3">Objet principal : Mandat verbal</td></tr>
</table>

Deux personnes ont conclu un contrat de vente. Il est reproché au vendeur de n'être ni le propriétaire ni d'avoir reçu un mandat sur la chose vendue. Le propriétaire légitime assigne en justice pour demander l'annulation de la vente ; n'ayant pas été satisfait par le jugement au premier degré, il interjette appel devant la cour d'appel de Bamako par un arrêt rendu le 23 avril 2003, la chambre civile de ladite cour a confirmé la vente en vertu de l'existence d'un mandat verbal. En conséquence, le demandeur a décidé de former ce pourvoi en cassation.

Le demandeur conteste l'existence de tout lien juridique avec le vendeur en soulevant un moyen unique à savoir la violation de la loi (articles 1599 et 1984 du Code civil français). Il reproche à l'arrêt de violer ledit article 1599 au motif que le vendeur a reconnu que la chose ne lui appartenait pas. Il reproche également à l'arrêt d'avoir violé l'article 1984 au motif qu'aucun témoin n'a confirmé le mandat verbal.

Problème de droit :

Le vendeur avait-il reçu un mandat verbal au sens de l'article 1984 du Code civil français, et est-il légalement possible qu'un tel mandat soit valide ?

La deuxième chambre civile de la Cour suprême, par un arrêt rendu le 26 juillet 2004 avant de rejeter le pourvoi, a tenu à préciser ce qu'il faut entendre par le moyen de pourvoi tiré de la violation de la loi, « qu'il y a violation de la loi lorsqu'il appert à partir de faits matériellement établis, correctement qualifiés, que les juges du fond ont fait une mauvaise application de la loi au prix d'une erreur le plus souvent grossière soit qu'ils aient ajouté à la loi une condition qu'elle ne pose pas, soit qu'ils aient refusé d'en faire application à une situation qui manifestement rentrait dans son champ d'application ».

Et selon la Cour, « contrairement aux allégations de la mémorante, la cour d'appel dans son arrêt a prouvé à suffisance que [le vendeur] avait reçu mandat verbal pour vendre la concession litigieuse », que « les juges du fond en statuant comme ils l'ont fait ont souverainement apprécié les éléments de litige ; tranché conformément aux règles de droit applicables et scrupuleusement observé les prescriptions de l'article 463 du Code de procédure civile, commerciale et sociale ». Ce faisant, elle rejette le pourvoi comme mal fondé.

Élément d'information pratique :

Mandat verbal :

Un mandat verbal est un accord ou une autorisation donnée verbalement, sans nécessairement être formalisée par écrit.

Dans de nombreux systèmes juridiques, un mandat verbal peut être valable et juridiquement contraignant, mais il peut y avoir des limites et des restrictions à son utilisation et à son exécution.

Dans de nombreuses situations, un mandat verbal peut être considéré comme ***valide et juridiquement contraignant***, à condition qu'il remplisse certaines conditions, telles que la clarté de l'accord et l'intention des parties.

Certains types de mandats, en particulier ceux impliquant des biens immobiliers, des transactions financières importantes ou des contrats à long terme, peuvent être soumis à des exigences de forme spécifiques, ce qui signifie qu'ils doivent être conclus par écrit pour être valables.

L'une des principales limites du mandat verbal est la difficulté de prouver son existence en l'absence d'une documentation écrite. Les litiges concernant des mandats verbaux peuvent souvent se résumer à une question de parole contre parole, ce qui peut rendre la preuve difficile.

Arrêt EDM-SA/2004

Les clauses du contrat d'adhésion lient les deux parties, quand bien même l'une d'elles n'en a pas eu connaissance, sauf en cas de clauses abusives.

Références		
Date de l'arrêt : **26/07/2004**	**Mali, Cour suprême, 17 juin 2014, 17**	Nature : Réparation de préjudice
Arrêt n° 17 du 17 juin 2014	Chambre commerciale	
Objet principal : Contrat d'adhésion		

Le contrat d'adhésion est un contrat dont toutes les clauses lient les parties. Une méconnaissance du contrat ne saurait justifier son inapplication.

Il s'agissait dans ce contentieux d'un litige relatif à un contrat d'adhésion conclu entre la société Énergie du Mali SA (ci-après EDM-SA) et une société d'imprimerie (GRAPHICOLOR). Cette dernière a attrait en justice son contractant devant le tribunal de commerce de Kayes en alléguant que ce dernier a enlevé son compteur sans aucun préavis et sans raison valable. Il explique que cet enlèvement du compteur lui a empêché de mener ses activités lui causant des dommages et demande réparation de son préjudice. La juridiction du fond, en dernier ressort, a fait droit à ses prétentions par jugement n° 2 du 28 février 2013, a rejeté l'exception de nullité et la fin de non-recevoir soulevées et a condamné le défendeur à payer au demandeur la somme de 4 500 000 f CFA à titre de réparation de préjudice. Il a également déclaré irrecevable la demande reconventionnelle d'EDM-SA. Cette dernière a formé alors ce pourvoi en cassation.

Le demandeur au pourvoi a soulevé deux moyens de cassation. Dans le premier moyen, il reproche au jugement querellé une dénaturation des faits, au motif prétendu que la société EDM-SA excipe des articles 7 et 16 du cahier des conditions générales d'abonnement pour les fournitures d'énergie électrique et d'eau pour expliquer l'enlèvement du compteur.

Le second moyen divisé en trois branches, dans la première, il reproche au jugement d'avoir violé l'article 32 du CPCCS au motif que l'instance a été enclenchée sur la base d'une citation nulle et irrégulière. Dans la deuxième branche, il allègue la violation de l'article 118 du CPCCS en ce sens que le juge du fond a rejeté la fin de non-recevoir tirée du défaut de qualité. Enfin, dans la troisième branche, le demandeur invoque la violation de l'article 77 du RGO au motif que le juge a prétexté que le cocontractant n'avait pas connaissance du cahier des conditions générales du contrat d'adhésion.

Problème de droit :

L'ignorance du cahier des conditions générales annexé à un contrat d'adhésion au sens de l'article 1135 du Code civil rend-elle inapplicable ledit contrat ?

Dans un arrêt rendu le 17 juin 2014, la chambre commerciale de la Cour suprême casse le jugement du tribunal de commerce de Kayes au visa de l'article 1135 du Code civil, après avoir précisé dans un attendu de principe que « le contrat d'adhésion est un contrat dont toutes les clauses lient les parties. Une méconnaissance du contrat ne saurait justifier sa non-application ». La Haute Cour explique que « les parties au contrat, le professionnel et le non-professionnel, sont tenues à deux obligations essentielles : celle de renseignement et de conseil et celle de sécurité ; que dans ce cadre les obligations pesant sur les deux parties ont été rééquilibrées en imposant au professionnel de donner les conseils utiles et de renseigner les clients tandis que le non-professionnel doit nécessairement se renseigner sur les modalités et suites du contrat ». Les juges de cassation concluent que la cour d'appel a exposé son arrêt à la censure en affirmant que les documents n'ont été donnés ni au moment de la conclusion du contrat, ni au cours de leur relation contractuelle.

Arrêt/2005, objet principal : Clause contractuelle

La Cour a affirmé la nullité de la clause d'appropriation du gage.

Références		
Date de l'arrêt : 24/01/2005	**Mali, Cour suprême, section judiciaire, 24 janvier 2005, 014**	Nature : Rétraction d'ordonnance
Arrêt n° 014 du 24 janvier 2005	Pourvoi n° 48 du 17 septembre 2003	
Objet principal : Clause contractuelle, cause, disposition du gage par le créancier		

La Cour affirme que toute clause qui autorisait le créancier à s'approprier le gage ou à en disposer sans les formalités est nulle.

En l'espèce, il s'agissait d'un contentieux portant sûretés ; opposant deux héritiers créanciers et un propriétaire de maison débiteur. Ce dernier avait conclu un contrat de prêt dans lequel existait une clause de gage. Dans une instance au tribunal de Gao, le président dudit tribunal a ordonné l'attribution de la propriété des concessions du débiteur aux héritiers. La chambre civile de la cour d'appel de Mopti, par un arrêt n° 71 du 17 décembre 2003, a infirmé le jugement de première instance. Un pourvoi est formé. Le demandeur invoque trois moyens de pourvoi tirés de la violation de la loi, de l'insuffisance de motifs et de la contradiction de motifs. Il fait grief à l'arrêt attaqué de violer l'article 56 de la loi portant Régime général des obligations, régissant la cause dans les contrats, au motif que la cour d'appel s'est abstenue de répondre aux conclusions sur le caractère illicite et immoral de la cause contractuelle. Dans le deuxième moyen, il reproche à l'arrêt d'avoir violé et dénaturé l'article 2078 du Code civil français réglementant le gage, en raison que la cour d'appel a soutenu que « c'est la clause qui est nulle et non la convention » et sans procéder à l'annulation de l'attribution des trois maisons sur la base de cette clause contraire à l'article 2078 du Code civil.

Dans le troisième moyen tiré de l'insuffisance de motifs au motif que les juges d'appel ont fondé leur décision sur un prétendu protocole de conciliation en date du 29 novembre 1974 non signé des parties et non homologué par le tribunal pour acquérir force exécutoire. Enfin, il reproche un défaut de base légale et de contradiction de motifs au motif que la Cour a ignoré un excès de pouvoir commis par le président du tribunal de Gao dans ses ordonnances.

Problème de droit :

Les stipulations d'une clause portant gage qui autorisait le créancier à s'approprier le gage ou à en disposer sans les formalités au sens de l'article 2078 sont-elles nulles ?

La Cour constate que les trois moyens de pourvoi interfèrent et peuvent être analysés ensemble ; qu'en effet ils sont tous relatifs à l'illicéité de la cause et au fait que, dans ses ordonnances, le président du tribunal n'a pas observé les formalités prévues par l'article 2078 du Code civil.

Par le présent arrêt, la deuxième chambre civile de la Cour suprême casse et annule l'arrêt attaqué au visa 2078 et sur le fondement de caractère de la nullité de la clause. « Qu'à cet égard l'article visé au moyen interdit à tout créancier de disposer du gage à défaut de paiement sauf à lui faire ordonner en justice que ce gage lui demeurera en paiement et jusqu'à concurrence d'après une estimation faite par expert ou qu'il sera vendu aux enchères. Qu'aux termes du même texte « toute clause qui autorisait le créancier à s'approprier le gage ou à en disposer sans les formalités ci-dessus est nulle » ; qu'il s'ensuit que la cour d'appel, en infirmant le jugement d'instance bien que reconnaissant la nullité de la clause, a manifestement violé l'article visé au moyen par fausse application ; qu'il échoie par conséquent d'accueillir le moyen. » Et partant, la Cour suprême fait application de l'article 651 du Code de procédure civile, commerciale et sociale, la Cour suprême affirme qu'il n'y a pas lieu à renvoi.

NB/: L'article 651 du Code de procédure civile, commerciale et sociale

Art. 651. – La Cour suprême peut casser sans renvoi lorsque la cassation n'implique pas qu'il soit à nouveau statué sur le fond. Elle peut aussi, en cassant sans renvoi, mettre fin au litige lorsque les faits, tels qu'ils ont été souverainement constatés et appréciés par les juges du fond, lui permettent d'appliquer la règle de droit appropriée. En ces cas, elle se prononce sur la charge des dépens afférents aux instances devant les juges du fond. L'arrêt emporte exécution forcée.

L'article 2078 du Code civil français :

Le créancier ne peut, à défaut de paiement, disposer du gage : sauf à lui faire ordonner en justice que ce gage lui demeurera en paiement et jusqu'à due concurrence, d'après une estimation faite par des experts, ou qu'il sera vendu aux enchères. Toute clause qui autoriserait le créancier à s'approprier le gage ou à en disposer sans les formalités ci-dessus est nulle.

Élément d'information pratique :

Une clause contractuelle est une disposition ou une condition spécifique incluse dans un contrat qui établit les droits, les obligations et les responsabilités des parties contractantes. Les clauses contractuelles sont des éléments essentiels d'un contrat, car elles définissent les termes et les conditions auxquels les parties ont convenu de se conformer.

Les clauses contractuelles peuvent revêtir de **nombreuses formes** et aborder ***divers aspects d'un contrat***. Elles peuvent inclure des *clauses de prix, de paiement, de durée, de résiliation, de confidentialité, de propriété intellectuelle, de garantie, de responsabilité, de litiges, etc.*

Dans certains contrats, les parties peuvent avoir la possibilité de négocier les termes des clauses avant de conclure l'accord. Cependant, dans d'autres contrats, certaines clauses peuvent être imposées de manière unilatérale par l'une des parties, en particulier dans les **contrats d'adhésion ou les contrats standardisés**.

L'interprétation des clauses contractuelles est importante pour déterminer les droits et les obligations des parties en cas de litige. Les tribunaux chercheront généralement à comprendre l'intention des parties lors de la rédaction des clauses, en utilisant des principes d'interprétation contractuelle.

Il existe des lois ou des règlements qui interdisent les clauses contractuelles abusives ou déloyales. Ces lois visent à protéger les parties contractantes, en particulier les consommateurs, contre des clauses injustes ou trompeuses. Les clauses contractuelles peuvent être modifiées si les parties le souhaitent, mais ces modifications doivent être consignées par écrit et signées par toutes les parties concernées. Les modifications verbales peuvent ne pas être valables dans de nombreux cas.

Certaines clauses nulles et non avenues si elles sont contraires à la loi ou à l'ordre public.

Arrêt/2005, objet principal : Procédures de recouvrement

Références		
Date de l'arrêt : **21/02/2005**	**Mali, Cour suprême, section judiciaire, 21 février 2005, 59**	Nature : Annulation de convention et reconnaissance de propriété du fleuve
Arrêt n° 59 du 21 février 2005	Pourvoi n° 20 du 28 mai 2003	
Objet principal : Procédures de recouvrement		

En l'espèce, il s'agit d'un contentieux né d'un contrat de prêt de 126 318 580 f CFA conclu entre la Banque malienne de crédit et de dépôt (le créancier) et son débiteur. Le débiteur avait consenti une hypothèque sur ses deux titres fonciers n°s 2301 et 2938 sis à Bamako en garantie du paiement de la créance sus-évoquée. Faute de paiement de ladite somme, le créancier a saisi le tribunal civil de la Commune II du district de Bamako en expropriation forcée portant sur les deux titres fonciers.

Ledit tribunal a fait droit à sa demande par un jugement du 16 mai 2001, le tribunal a fixé la date de la vente au mercredi 6 juin 2001. Et par un autre jugement rendu le 6 juin 2001, le tribunal déclara le créancier adjudicataire des titres susmentionnés. Le défendeur a sollicité l'annulation de la vente devant ledit tribunal, celui-ci le déboute par un jugement le 27 novembre 2002, déclarant son action infondée. Et le pourvoi est formé.

Le demandeur au pourvoi invoque un seul moyen de cassation basé sur la violation de la loi, subdivisé en trois branches. Dans la première, il reproche à l'arrêt d'avoir violé l'article 254 alinéa 2 de l'acte uniforme de l'OHADA portant organisation des procédures simplifiées de recouvrement et des voies d'exécution, au motif que le commandement a été délivré à une personne qui n'est débitrice ni tierce détentrice des immeubles vendus en l'occurrence et surtout la prétendue délivrance à l'épouse du débiteur.

En outre, il est reproché à l'arrêt d'avoir violé l'article 276 de l'acte uniforme, en ce sens que le jugement prescrivant la vente n'a pas respecté les délais légaux francs exigés par le texte précité.

La défenderesse dans son mémoire en réplique a fait valoir que la signification du commandement fait au domicile du débiteur satisfait aux exigences de l'article 254, alinéa 27 de l'acte uniforme. Et sur la troisième branche du moyen de demandeur, le défendeur soutient que le demandeur n'a pas respecté le délai prescrit à l'article 299 de l'AU pour demander l'annulation de la vente et demande le rejet pur et simple du pourvoi.

Problème de droit :

La notification d'un acte de commandement délivré au domicile élu du débiteur et reçu par son épouse est-elle valable au sens de l'article 254, alinéa 27 de l'acte uniforme ? Le délai franc envisagé par l'article 276 de l'acte uniforme de l'OHADA est-il absolu ?

Après avoir rejeté les prétentions du demandeur relatives à la validité de la notification, affirmant *« qu'il est constant que le commandement signifié à... l'épouse du débiteur introuvable sur les lieux a respecté les dispositions de l'article 254, alinéa 2 de l'Acte uniforme sur les voies d'exécution* ».

La Cour suprême casse le jugement du tribunal au visa de l'article 335 de l'acte uniforme portant organisation des procédures simplifiées de recouvrement et des voies d'exécution en précisant « *qu'en conséquence de ces énonciations il convient de retenir que le jugement querellé a violé les dispositions de l'article 276 de l'Acte uniforme de l'OHADA* », au motif « *qu'il en résulte que la publicité effectuée pour l'apposition des placards, le délai devant expirer le 7 juin 2001 n'a pas respecté le délai minimum de 15 jours requis avant l'adjudication en ce sens que du 21 mai 2001 au 6 juin 2001 il a moins de 15 jours francs* ».

Élément d'information pratique :

Procédures de recouvrement en droit OHADA

L'OHADA est une organisation d'intégration juridique qui a élaboré un ensemble de lois uniformes régissant le droit des affaires dans certains pays d'Afrique. Les procédures de recouvrement en droit OHADA sont régies par l'acte uniforme portant organisation des procédures simplifiées de recouvrement et des voies d'exécution (acte uniforme sur les procédures simplifiées de recouvrement et les voies d'exécution) et l'acte uniforme portant organisation des sûretés (acte uniforme sur les sûretés).

> Avant d'entamer une procédure de recouvrement formelle, le créancier peut adresser **une mise en demeure** au débiteur pour l'inciter à payer la dette. La mise en demeure doit être écrite et précise les montants dus, les échéances et les conséquences du non-paiement.

Le créancier peut introduire une procédure d'injonction de payer devant une juridiction compétente de l'État membre de l'OHADA où le débiteur a son domicile ou sa résidence. Si le juge est convaincu de la validité de la réclamation, il émet une ordonnance **d'injonction de payer** qui ordonne au débiteur de payer la dette dans un délai déterminé.

Arrêt Cession d'action/2005

Un jugement rendu par défaut et non signifié est nul et ne peut être invoqué par aucune partie.

Références : Arrêt Cession d'action		
Date de l'arrêt : **11/04/2005**	**Mali, Cour suprême, section judiciaire, 11 avril 2005, 9**	Nature : Inopposabilité de cession d'action
Arrêt n° 09 du 11 avril 2005	Pourvoi n° 41 bis et 42 bis du 4 février 2004	
Objet principal : L'inopposabilité, la formation des chambres réunies		

Dans cet arrêt de principe, la Haute Juridiction affirme qu'un jugement rendu par défaut, qu'à défaut de signification, nul ne peut s'en prévaloir, que cette position doctrinale de la Cour ne saurait être remise en cause par la chambre commerciale.

En l'espèce, un pourvoi est formé contre l'arrêt n° 64 du 04-03-04 rendu par la chambre civile de la cour d'appel de Bamako dans une instance en inopposabilité de cession d'actions opposant un client à son établissement de crédit.

Les demandeurs invoquent plusieurs moyens au soutien de leurs thèses. Dans un premier temps, il reproche à l'arrêt d'avoir violé les articles 24 et 25 du CPCCS au motif que les juridictions maliennes ne sauraient connaître de l'affaire. Il fait grief à l'arrêt la violation de l'article 567 du CPCCS.

Et enfin, il est reproché à l'arrêt un défaut de base légale en ce sens que la cour d'appel a déclaré l'acte de cession d'actions inopposable au défendeur, sans rechercher au préalable le caractère exécutoire du jugement de validation de saisie des mêmes actions, jugement rendu par défaut et qui constitue le fondement même de la demande.

Par ailleurs, dans un autre mémoire, l'autre demandeur reproche à l'arrêt d'avoir violé par refus d'application l'article 652, alinéa 1 du CPCCS, au motif que, conformément à un précédent arrêt de la Cour suprême, l'affaire devait être réexaminée par une formation différente.

Et du même article, que la cour d'appel était tenue par le second arrêt sur la même affaire au motif qu'il a méconnu les indications contenues dans l'arrêt de la Cour suprême relatives au jugement de validation de saisie n° 132 du 31 mai 1995 du tribunal de commerce.

Problème de droit :

Une décision par défaut non signifiée peut-elle s'exécuter ? Dans un arrêt de renvoi, la cour d'appel peut-elle remettre en cause des points de droit tranchés par la Cour suprême exprimant sa position doctrinale ?

La Cour note que les moyens posés par le second mémoire des demandeurs requièrent la formation des chambres réunies pour la raison que l'inopposabilité au défendeur de la cession des actions constitue le problème fondamental ainsi que l'inopposabilité du jugement (de défaut) de validation de la saisie-arrêt des actions du demandeur au défendeur. En tout état de cause, la cour estime que l'analyse suivante s'impose en l'espèce.

La Cour ordonne le renvoi de l'affaire devant la formation des chambres réunies après avoir estimé au sens de la doctrine qu'un jugement rendu par défaut, qu'à défaut de signification, nul ne peut s'en prévaloir, que « Cette position doctrinale de la Cour ne saurait être remise en cause par la chambre commerciale. Seule la formation des chambres réunies pourrait connaître de ce moyen ». En plus, la Cour suprême estime que la cour d'appel a violé l'article 652 du CPCCS en se rebellant contre la position doctrinale de la Haute Juridiction. Cependant, même l'application de la règle de la plénitude de la juridiction de renvoi n'autorise pas celle-ci à remettre en cause des points de droit tranchés par la Cour suprême.

Arrêt Exequatur/2004

Références : Arrêt Exequatur		
Date de l'arrêt : 13/04/2004	Mali, Cour suprême, section judiciaire, 13 avril 2004, 040	Nature : exequatur
Arrêt n° 040 du 13 avril 2004	Pourvoi n° 189 du 8 juillet 1999	
Objet principal : Convention générale de coopération – exequatur - rétractation – pourvoi en cassation		

Cette affaire porte sur une demande de rétractation du jugement d'exequatur, laquelle a été rejetée par le président du tribunal de Bamako. Par un arrêt en date du 7 juillet 1999, la cour d'appel de Bamako a déclaré la demande irrecevable, invoquant l'article 30 de la convention générale de coopération en matière de justice signée entre le Niger et le Mali le 22 avril 1964. En conséquence, il a décidé de se pourvoir en cassation.

Le demandeur invoque deux moyens au soutien de ses prétentions. Premier moyen tiré de la violation expresse des dispositions des articles 28, 31 et 33 de la convention, au motif que l'arrêt a procédé à une application sélective de ladite convention en ce sens qu'il se borne à la procédure du recours prescrit par l'article 30 de la même convention, alors que l'article 28 de la convention est très clair en disposant qu'en matière civile et commerciale les décisions contentieuses et gracieuses rendues par les juridictions de l'une des hautes parties contractantes ont, de plein droit, l'autorité de la chose jugée sur le territoire de l'autre État, si elles réunissent les conditions.

Problème de droit :

Un recours en cassation dans le cadre de l'exequatur tel que défini à l'article 30 de la convention d'espèce peut-il être engagé ?

Par un arrêt, la première chambre civile de la Cour suprême rejette le pourvoi comme mal fondé, en raison *« pour réitérer la décision d'instance l'arrêt confirmatif a retenu qu'un extrait de la convention générale de coopération en matière de justice entre le Niger et le Mali a été versé au dossier ; que l'article 30 de ladite convention dit que la décision du président du tribunal en matière d'exequatur ne peut faire l'objet que d'un recours en cassation. Mais attendu que l'article 30 de la convention générale de coopération en matière de justice entre le Niger et le Mali stipule en son troisième alinéa que "la décision du président du tribunal ne peut faire l'objet que d'un recours en cassation", la cour d'appel en déclarant irrecevabilité la requête en rétractation du jugement d'exequatur n'a nullement violé la loi et sa décision ne saurait être sanctionnée ».*

Élément d'information pratique :
L'exequatur est une procédure légale qui permet la reconnaissance et l'exécution d'une décision de justice rendue par un tribunal étranger dans un autre pays. L'exequatur est souvent utilisé dans le contexte des jugements étrangers, des sentences arbitrales ou d'autres décisions judiciaires rendues dans une juridiction étrangère, lorsque l'une des parties souhaite faire exécuter cette décision dans un autre pays.

Une décision de justice, une sentence arbitrale ou une autre décision légale est rendue dans un pays (juridiction étrangère) en faveur d'une partie. La partie qui souhaite faire exécuter cette décision dans un autre pays (juridiction d'accueil) dépose une demande d'exequatur devant les tribunaux de la juridiction d'accueil. La demande doit inclure tous les documents pertinents, tels que la décision étrangère, une traduction certifiée si nécessaire et d'autres documents requis par la loi.

Les tribunaux de la juridiction d'accueil examinent la demande d'exequatur pour s'assurer qu'elle remplit toutes les conditions légales pour être reconnue et exécutée dans ce pays. Les conditions peuvent varier en fonction des traités internationaux applicables. Dans de nombreux cas, la partie adverse est informée de la demande d'exequatur et a la possibilité de s'opposer à la reconnaissance ou à l'exécution de la décision étrangère. Les motifs d'opposition peuvent inclure l'incompétence du tribunal étranger, le non-respect des droits de la défense ou d'autres motifs légitimes.

Si une opposition est soulevée, les tribunaux de la juridiction d'accueil peuvent tenir une audience judiciaire pour examiner les arguments des deux parties et prendre une décision sur la reconnaissance de la décision étrangère. Une fois que les tribunaux de la juridiction d'accueil sont satisfaits que la décision étrangère doit être reconnue et exécutée, ils rendent une décision d'exequatur qui autorise l'exécution de la décision étrangère dans le pays d'accueil. Cette décision rend la décision étrangère exécutoire de la même manière qu'une décision locale.

La partie bénéficiaire de la décision étrangère peut alors entreprendre les ***procédures d'exécution*** appropriées pour récupérer les sommes dues ou pour faire appliquer la décision étrangère.

Arrêt/2016, objet principal : Le libre accès à un gite d'étape

Références		
Date de l'arrêt : 04/04/2016	**Mali, Cour suprême, 4 avril 2016, 89**	Nature : Réclamation d'un gîte
Arrêt n° 89 du 04/04/2016		
Objet principal : Le libre accès à un gite d'étape		

Le résumé des faits et procédure

Dans cette affaire particulière, le litige porte sur la propriété d'un gîte d'étape. Trois individus ont intenté une action en justice contre deux autres personnes pour revendiquer la propriété du gîte Kingona. Le tribunal civil de Mopti a rendu un jugement le 22 mai 2014, dans lequel il a reconnu le caractère pastoral du gîte d'étape pour l'ensemble de la zone appelée Tibalé. Cela signifie que le gîte Kingona était utilisé comme un lieu de passage pour les troupeaux des villages de N'gomi, Soye et d'autres villages avoisinants. Les demandeurs, mécontents de la décision initiale, ont fait appel. Dans une première étape, la cour d'appel de Mopti a émis une ordonnance visant à obtenir des éléments d'instruction pour déterminer si les deux entités « Tibalé » et « Kingona » étaient distinctes l'une de l'autre ou si l'une englobait l'autre et y avait commis les deux services intéressés par ce problème à savoir le secteur de l'élevage et le secteur de l'agriculture. Cette cour, par un arrêt du

10 juin 2015, a confirmé le jugement de première instance par rajout en précisant que l'espace dénommé Kingona ne fait pas partie du gîte d'étape Tibalé. Un pourvoi est formé contre cet arrêt.

Les prétentions des parties

Les demandeurs au pourvoi ont soulevé trois moyens de cassation. Tout d'abord, ils invoquent un manque de base légale en raison de l'incertitude quant au fondement juridique de la décision. Ensuite, ils allèguent une violation de la loi n° 01-004 du 24/02/2001, portant charte pastorale en République du Mali. Enfin, ils soulignent une contradiction entre le dispositif de la décision et ses motifs. Dans leur premier moyen, les pourvoyeurs reprochent à l'arrêt le fait de ne pas avoir tenu compte de l'avis technique des experts et d'avoir décidé que le gîte Kingona ne faisait pas partie du Tibalé. Ils estiment que cela constitue un manque de base légale.

Dans le deuxième moyen, les demandeurs critiquent la décision pour avoir amputé une partie substantielle de l'espace du gîte Tibalé, où les pasteurs ont toujours séjourné. Enfin, il est reproché à l'arrêt une contradiction entre le dispositif et les motifs, au motif qu'il a, à la fois, reconnu le caractère de gîte d'étape Tibalé et d'amputer une partie de ce dernier en confirmant le jugement entrepris en toutes ces dispositions, et les défendeurs concluaient au rejet du pourvoi.

Selon la chambre civile de la cour d'appel de Mopti, il ressort clairement et sans équivoque de travaux de la mission d'expertise que non seulement les deux entités « Tiabalé » et « Kingona » sont différentes, mais encore elles sont séparées par une frontière naturelle, à savoir un bras du fleuve appelé par les techniciens experts « Tialogol Tibalé ».

Le problème de droit

Le libre accès à un gîte d'étape au sens des articles 3 et 19 de la loi n° 01-004 du 24 février 2001 portant charte pastorale est-il mis en cause au cas de distinction de deux gîtes ?

La solution

La Cour suprême rejette le pourvoi, après avoir précisé dans *un attendu de principe* que « *Le défaut de base n'est pas fondé lorsque les juges du fond ont procédé à des constatations détaillées, précisées et complètes permettant à la Cour suprême d'exercer son contrôle sur l'application de la règle de droit* », au motif que « *Pour rétablir la violation des articles 3 et 19 de la loi n° 01-004 du 24 février 2001 portant charte pastorale, le plaideur doit prouver que les pasteurs n'ont pas libre accès aux airs de stationnement ou de séjours des troupeaux. Le moyen tiré de la contradiction de motifs ne peut pas prospérer dès lors que les juges d'appel ont confirmé partiellement le jugement entrepris en raison de l'appréciation souveraine des faits et des éléments de preuve.* »

Pour rejeter le pourvoi, la Cour suprême affirme : « Qu'en statuant ainsi la cour d'appel n'a pas violé les articles précités qui définissent respectivement les gîtes d'étape qui sont des aires de stationnement ou de séjour des troupeaux qui jalonnent les pistes de transhumance auxquelles les pasteurs ont libre accès et interdisent de les occuper de manière à entraver la progression ou le séjour des pasteurs en déplacement, qu'en tout état de cause il n'est prouvé que les défendeurs au pourvoi aient gêné le libre accès des pasteurs aux gîtes d'étape ou entravé la progression ou le séjour des pasteurs. »

Arrêt/2005, objet principal : L'autorité sur la chose jugée

Références		
Date de l'arrêt : 21/02/2005	Mali, Cour suprême, section judiciaire, 21 février 2005, 59	Nature : Annulation de convention et reconnaissance de propriété du fleuve
	Pourvoi n° 20 du 28 mai 2003	
Objet principal : L'autorité sur la chose jugée, *Res judicata*		

Deux parties sont en désaccord concernant la propriété d'une rivière sur laquelle deux jugements ont été rendus entre les mêmes parties, remontant à l'époque coloniale. Le premier jugement a été prononcé par le tribunal musulman de Djenné en 1904, tandis que le second a été rendu par le tribunal coutumier de second degré de Macina en 1958. Le litige a été soumis à nouveau à la cour d'appel de Mopti. Le 28 mai 2003, cette cour a rendu un arrêt reconnaissant aux deux jugements l'autorité de la chose jugée, mais elle a également tranché sur le fond en attribuant la propriété de la rivière au demandeur. Un pourvoi en cassation a été introduit contre cette décision.

Le demandeur invoque à l'appui de sa demande deux moyens de cassation, à savoir le défaut de base légale et la contradiction entre le motif et le dispositif. Dans le premier moyen, le demandeur soutient que l'arrêt a admis que les deux jugements, datant de 1904 et de 1958, avaient l'autorité de la chose jugée, mais n'en a pas tiré les conséquences adéquates. Dans le second moyen, il est reproché à la décision d'appel d'avoir retenu l'autorité de la chose jugée sans tenir compte des exceptions de non-recevabilité, et, en ayant statué à nouveau, elle aurait enfreint le principe énoncé par l'article 118 du CPCCS.

Quelles sont les conséquences à tirer du prononcé de l'autorité de la chose jugée ?

La Cour suprême considère que les deux moyens sont interconnectés et doivent être examinés ensemble. En conséquence, la Cour suprême a annulé et cassé l'arrêt, expliquant que l'autorité de la chose jugée, telle que définie par l'article 1350 du Code civil français, empêche qu'une même question soit rejugée entre les mêmes parties dans une autre procédure, sauf en cas de voies de recours. La Cour suprême a estimé que la décision de la cour d'appel précédente n'avait pas expliqué les conséquences juridiques de l'autorité de la chose jugée et n'avait pas clairement justifié sa compétence pour connaître de l'affaire, ni démontré que les conditions de l'article 509 du CPCCS avaient été remplies. Par conséquent, la Cour suprême a renvoyé l'affaire et les parties devant une autre composition de la cour d'appel de Mopti.

Élément d'information pratique :

L'autorité de la chose jugée : est un principe juridique qui établit que la décision rendue par un tribunal dans une affaire particulière a une autorité et une force exécutoire. En d'autres termes, une fois qu'une question a été tranchée par un tribunal et que la décision est devenue définitive, elle ne peut généralement pas être remise en cause dans le cadre de procédures ultérieures, que ce soit devant le même tribunal ou devant un autre tribunal. Ce principe vise à assurer la stabilité et la finalité des décisions judiciaires. L'un des aspects fondamentaux de l'autorité sur la chose jugée est le principe du ***non bis in idem***, ce qui signifie que l'on ne peut pas être jugé deux fois pour la même affaire. Une fois qu'une décision définitive a été rendue dans une affaire, cette question ne peut plus être soumise à un nouveau procès. L'autorité sur la chose jugée signifie également que la décision rendue par un tribunal peut lier d'autres tribunaux, y compris des tribunaux de niveaux hiérarchiquement inférieurs ou des tribunaux de juridictions différentes, en ce qui concerne les mêmes questions de fait et de droit.

Bien que l'autorité sur la chose jugée soit un principe important, il existe des exceptions à cette règle. Par exemple, une décision peut être remise en cause en cas de découverte de nouvelles preuves importantes ou si la décision précédente était entachée d'une fraude ou d'une erreur grave.

Autorité relative sur la chose jugée et autorité absolue sur la chose jugée

L'autorité relative sur la chose jugée signifie que la décision d'un tribunal a une force contraignante et une autorité limitée, applicable uniquement aux parties spécifiques qui étaient impliquées dans le litige initial. Les effets de l'autorité relative sur la chose jugée sont limités aux parties à l'affaire et ne s'étendent pas aux tiers qui n'étaient pas impliqués dans le procès initial. En d'autres termes, la décision ne lie que les parties originales. Cette autorité relative permet aux parties qui n'étaient pas impliquées dans le litige initial de soulever les mêmes questions de fait et de droit dans de nouvelles procédures judiciaires.

Tandis que l'autorité absolue sur la chose jugée signifie que la décision d'un tribunal est considérée comme définitive et obligatoire, non seulement pour les parties spécifiques impliquées dans le litige initial, mais aussi pour tous les tiers qui pourraient être concernés par des litiges futurs similaires.

Arrêt Légitime défense/2020

La Cour suprême a défini les conditions de la légitime défense

Références : Arrêt Légitime défense		
Date de l'arrêt : **23/03/2020**	**Mali, Cour suprême, 23 mars 2020, 32**	**Nature :** Coups et blessures volontaires
	Pourvoi n° 14 du 1er juin 2015	
Objet principal : La légitime défense		

La Cour suprême soutient que la défense, pour être légitime, obéit à des conditions, qu'elle doit, notamment, être intervenue dans le même laps de temps que l'agression.

Le 18 janvier 2014, une affaire judiciaire aux circonstances peu communes s'est déroulée. Une femme au foyer a été victime d'une agression physique de la part d'une autre femme. En réaction à cette violence, une tierce personne est intervenue pour défendre la victime. Cette intervention a pris la forme d'une riposte physique à l'encontre de l'agresseur initial, à l'aide d'un bâton. Cette riposte a causé des blessures graves à l'agresseur. Suite à ces événements, les deux femmes, l'agresseur initial et la tierce personne intervenante, se sont retrouvées poursuivies en justice par le ministère public. Les charges retenues contre elles sont des coups et blessures volontaires. Le 6 mai 2015, le tribunal correctionnel de Djenné a rendu un jugement dans l'affaire d'agression survenue le 18 janvier 2014. L'auteure initiale de l'agression a été condamnée à un mois d'emprisonnement avec sursis et l'intervenante à trois mois, également avec sursis, assortis d'une amende de 200 000 francs CFA.

L'auteure initiale, s'étant constituée partie civile pour obtenir réparation, a interjeté appel de la décision. La chambre correctionnelle de la cour d'appel de Mopti a rendu un arrêt le 1er juin 2015. Cet arrêt a infirmé le jugement de première instance en relaxant la tierce personne intervenue en défense, en se fondant sur l'article 28 du Code pénal. La cour a également rejeté la constitution de partie civile de l'auteure initiale. Un pourvoi est formé, soulevant un moyen unique de cassation, à savoir la violation de l'article 124 du Code pénal. Dans une première branche, il est fait grief à l'arrêt d'avoir relaxé, alors qu'il est ***jurisprudence constante que le prévenu ne peut être relaxé que lorsque les faits ne sont pas susceptibles de qualification pénale***.

En deuxième branche, il est fait grief à l'arrêt le refus d'application de l'article 207 du Code pénal alors que les éléments constitutifs de l'infraction sont manifestement réunis. Enfin, en troisième branche, il est reproché à l'arrêt une fausse application de l'article 28 du Code pénal au motif qu'il a déclaré le défendeur en état de légitime défense, alors que les conditions requises ne sont pas réunies ; la défense n'est pas intervenue au moment qu'en conséquence l'acte constitue une vengeance.

L'action en état de légitime défense, au sens de l'article 28 du Code pénal, est-elle subordonnée à la temporalité ?

La Cour suprême a, dans un attendu, précisé que « *le juge n'est pas lié par la qualification initiale ; qu'en cas de fausses qualifications il a le devoir de requalifier les faits s'ils sont constitutifs d'une autre infraction, plutôt que de relaxer le prévenu. Qu'il ne peut prononcer une décision de relaxe que lorsque les faits ne sont susceptibles d'une qualification pénale* ».

Après avoir constaté que la deuxième et troisième branches du moyen unique se recoupent et doivent être examinées conjointement. La Cour fait droit au pourvoi, en cassant et en annulant l'arrêt attaqué au motif que « *la défense, pour être légitime, obéit à des conditions, qu'elle doit, notamment, être intervenue dans le même laps de temps que l'agression* ». Or, selon la Cour, les coups portés par l'intervenante ont été bien après les violences subies par la victime (ménagère) et, dans le cas d'espèce, ils s'apparentent plus à un acte de vengeance qu'à une défense. En conséquence, la cour renvoie la cause et les parties devant la cour d'appel de Mopti autrement composée.

Arrêt BDM-SA/2020

La jurisprudence française n'est pas applicable d'office dans la législation malienne.
La chose jugée en matière pénale s'impose aux juridictions civiles.

Références : Arrêt BDM-SA		
Date de l'arrêt : **16/06/2020**	**Mali, Cour suprême, 16 juin 2020, 40**	**Nature :** Réclamation de droits et dommages-intérêts
Arrêt n° 40 du 16/06/2020	Pourvoi n° 71 du 12/12/2019	
Objet principal : La chose jugée au pénal, la cassation sans renvoi		

La Cour suprême souligne qu'il est établi que lorsqu'un tribunal pénal déclare l'innocence de la personne poursuivie, un tribunal civil ne peut pas statuer différemment sans violer l'autorité accordée à la chose jugée en matière pénale.

Elle profite de cette occasion pour clarifier que la jurisprudence de la Cour de cassation française datant du 9 juillet 1964, citée par la demanderesse n'est pas applicable d'office dans la législation malienne, car elle est postérieure à son indépendance.

L'affaire présente un caractère singulier du fait qu'elle se trouve à son second pourvoi en cassation. En effet, deux employés liés à la BDM-SA par des contrats à durée indéterminée ont été poursuivis et inculpés pour complicité d'un crime d'atteinte aux biens publics commis par un autre salarié de la même banque. Suite à cette accusation, ils ont été suspendus de leurs fonctions à l'instar de l'auteur principal des faits.

Le 4 août 2014, une ordonnance de la cour d'assises de Bamako a prononcé l'acquittement sans peine des deux employés présumés complices. Une semaine plus tard, le 12 août 2014, la même cour a condamné l'auteur principal à une peine d'emprisonnement et au versement de dommages-intérêts conséquents. La BDM-SA a formé un pourvoi en cassation contre l'acquittement des deux employés et la condamnation de l'auteur principal. La chambre criminelle de la Cour suprême a rendu un arrêt le 23 mai 2016, rejetant l'ensemble des pourvois. En conséquence, le 28 avril 2015, les deux salariés acquittés ont saisi le tribunal du travail de Bamako d'une action en réclamation de droits et dommages-intérêts.

Par un jugement du 3 août 2015, la BDM-SA a été condamnée à payer aux demandeurs plusieurs milliers à titre de salaires impayés et autres avantages et indemnités. Et le défendeur a interjeté appel. Le 4 février 2016, la chambre sociale de la cour d'appel de Bamako a confirmé le jugement entrepris en toutes ses dispositions sauf celles relatives aux dommages-intérêts. La Cour suprême du Mali par un arrêt du 9 mars 2016 a fait droit aux moyens de pourvoi introduits par le défendeur en cassant et en annulant l'arrêt et a renvoyé la cause et les parties devant la cour d'appel de Bamako autrement composée. Par un arrêt du 29 août 2019, la juridiction de renvoi a infirmé le jugement n° 203 du 3 août 2015 rendu par le tribunal du travail en statuant sur le rejet de l'acte d'assignation de deux salariés acquittés comme mal fondé. En voie de conséquence, les deux salariés se sont pourvus en cassation contre cet arrêt.

Et la Cour suprême est appelée à se prononcer sur ce second pourvoi de cette affaire particulière.

Les demandeurs au pourvoi, dans un premier moyen, en demandant à ce que ***l'arrêt soit cassé sans renvoi*** *lui* reprochent d'avoir violé l'article L. 216 du Code du travail au motif que le juge d'appel aurait dû relever d'office l'irrecevabilité de l'appel en vertu de l'article 121 du CPCCS. Dans le deuxième moyen tiré aussi de la violation de la loi qui est subdivisé en quatre branches. Dans la deuxième, ils reprochent à l'arrêt d'avoir violé l'article 348 du CPP en ce que l'arrêt est revenu sur l'acquittement déjà prononcé. Dans la troisième, l'arrêt est attaqué d'avoir contourné le principe de l'autorité de la chose jugée au pénal au motif que le juge civil s'est écarté des éléments tranchés par les décisions pénales en retenant la faute professionnelle déjà sanctionnée de surcroît comme motivation de sa décision. En quatrième, il est reproché à l'arrêt d'avoir fait une fausse application de l'article L. 41 du Code du travail. Dans le moyen tiré du défaut de base légale, il est fait grief à l'arrêt de faire abstraction sur le dernier alinéa de l'article L. 120 du Code du travail portant sur la suspension de la prescription par citation en justice. Le défendeur au pourvoi, dans sa réplique, a conclu au rejet des prétentions de la partie demanderesse.

Problème de droit :

La décision au pénal, au sens de l'article 348 du CPP, s'impose-t-elle au juge civil ?

La Cour suprême, dans un attendu, a précisé « qu'il est constant que, lorsque le juge pénal nie la culpabilité de la personne poursuivie, le juge civil ne peut en décider autrement sans méconnaître l'autorité attribuée à la chose jugée au pénal ». Ainsi, la Cour fait droit au pourvoi, en cassant et en annulant l'arrêt déferré au motif « qu'il y a donc violation de l'article 348 susvisé et ce moyen est pertinent pour que la Haute Cour prononce la cassation de l'arrêt déféré, et **la jurisprudence de la Cour de cassation française du 9 juillet 1964 produite par la BDM-SA n'a pas pour effet de régulariser cette violation, encore qu'elle est de 1964, donc postérieure à notre indépendance et n'est pas applicable d'office dans notre législation** ». Enfin, outre que la Cour considère que, la cassation étant acquise, l'analyse des autres moyens du pourvoi est dès lors superfétatoire, elle constate qu'en l'espèce toutes les questions juridiques ont été résolues et fait application de l'article 164 de la loi n° 2016-046 du 23 septembre 2016 portant loi organique fixant l'organisation, les règles de fonctionnement de la Cour suprême et la procédure suivie devant elle que « la Cour suprême peut casser sans renvoi lorsque la cassation n'implique pas qu'il soit à nouveau statué sur le fond ».

Arrêt Stade 26 Mars/2004

Dans les affaires commerciales, la preuve peut être administrée par tous les moyens.

Références : Arrêt Stade 26 Mars		
Date de l'arrêt : 08/03/2004	Mali, Cour suprême, section judiciaire, Chambre commerciale, 8 mars 2004, 2	Nature : Contestation de Créance
Arrêt n° 02 du 8 mars 2004	Pourvoi n° 120 du 9 mai 2002	
Objet principal : L'administration de la preuve		

> ***La chambre commerciale de la Cour suprême considère que, s'agissant d'une affaire commerciale, la preuve peut être administrée par tous les moyens.***

Dans ce cas particulier, il s'agit d'une affaire de litige concernant une dette résultant d'un contrat de sous-traitance lié à l'entretien des terrains de compétition et d'entraînement du « Stade du 26 mars » de Bamako. Ce différend oppose un créancier à l'entreprise COVEC, qui est son débiteur. Le 30 novembre 2001, le créancier a demandé à l'entreprise de lui verser la somme de 7 331 500 f, correspondant au montant de deux factures non réglées. Le débiteur conteste l'existence de ces impayés.

La chambre civile de la cour d'appel de Bamako a statué en faveur de COVEC en soutenant que le créancier présumé n'a pas fourni de preuves à l'appui de ses allégations, notamment en ne produisant pas un avenant au contrat conformément à l'article 2 du contrat initial, alors que le créancier s'est limité à fournir deux factures portant la mention « travaux complémentaires ». En voie de conséquence, le créancier a décidé de se pourvoir en cassation.

Le demandeur appuie son pourvoi par deux moyens. Dans le premier, il reproche à l'arrêt d'avoir violé l'article 161 de la loi fixant Régime général des obligations au motif que l'arrêt a mal apprécié les éléments de preuve, ce qui déboucherait à l'enrichissement sans cause de COVEC. Dans le second moyen, il est fait grief à l'arrêt le défaut de base légale en ce qu'il s'est abstenu d'analyser les pièces produites par le demandeur. Par contraste, le défendeur au pourvoi (COVEC) conclut dans sa réplique le rejet des moyens comme mal fondés.

L'administration de la preuve est-elle libre ou limitée en matière commerciale ?

De prime abord, sur les moyens de pourvoi, la Cour suprême estime qu'eu égard à leur interférence ils peuvent être examinés ensemble. La Cour suprême casse l'arrêt de la cour d'appel en jugeant que « COVEC sommée de payer la facture des travaux supplémentaires a répondu, en la personne de son chef du contentieux, qu'il ne conteste la créance quant à son montant. Ce qui signifie qu'elle reconnaît la créance en son principe ».

La chambre commerciale de la Cour suprême considère que, s'agissant d'une affaire commerciale, la preuve peut être administrée par tous les moyens. En déclarant que COVEC n'est débitrice d'aucune somme d'argent, l'arrêt attaqué n'a pas pris en compte l'ensemble des éléments de la cause. D'où il suit qu'elle a également méconnu les modes d'administration de la preuve en matière commerciale.

Élément d'information pratique :

L'administration de la preuve : Elle est le processus par lequel les parties à un litige présentent des éléments de preuve pour étayer leurs affirmations ou leurs défenses devant un tribunal ou une autre autorité judiciaire. Le système judiciaire se repose sur la présentation de preuves pour établir les faits pertinents d'une affaire et permettre au tribunal de rendre une décision éclairée.

> Les preuves peuvent prendre de nombreuses formes, notamment des témoignages oraux, des documents écrits, des enregistrements audio ou vidéo, des expertises techniques, des photographies, des objets matériels, etc. **Charge de la preuve** : En général, la partie qui fait une allégation ou une réclamation dans une affaire est chargée de la prouver. Cela signifie que la partie demanderesse ou la partie défenderesse doit présenter des éléments de preuve pour étayer ses affirmations. **Témoignages** : Les témoignages oraux sont souvent l'un des types de preuve les plus importants. Les témoins sont interrogés par les avocats des parties pour exposer leur version des faits. Les témoins peuvent être des témoins oculaires, des experts, des parties au litige ou d'autres personnes ayant une connaissance pertinente des faits.

Les ***documents écrits, tels que les contrats, les factures, les rapports, les lettres***, etc. peuvent servir de preuve. Ils doivent généralement être authentifiés pour être admis en tant qu'éléments de preuve. Dans certaines affaires, des experts peuvent être appelés pour fournir leur expertise sur des questions techniques, scientifiques ou médicales. Leurs opinions sont considérées comme des éléments de preuve d'expertise. Les parties peuvent faire des objections lorsqu'elles estiment que des éléments de preuve sont inadmissibles ou non pertinents. Le tribunal peut statuer sur ces objections et décider si les éléments de preuve seront admis ou exclus. Après avoir examiné tous les éléments de preuve présentés par les parties, le tribunal détermine quelles preuves sont crédibles et lesquelles sont probantes pour rendre une décision éclairée dans l'affaire.

Arrêt Immunité d'exécution/1998

Cet arrêt est important car il clarifie l'étendue de l'immunité d'exécution des organisations internationales à but non lucratif.

Références : Arrêt Immunité d'exécution		
Arrêt n° 17 du 13 janvier 1998	Mali, Cour suprême, section judiciaire, 1er novembre 1998, 17	Nature : Réclamation de somme
	Pourvoi n° 266 du 1er novembre 1996	
Objet principal : Privilèges et immunités diplomatiques – Saisie exécution – Bail professionnel		

En l'espèce, l'Institut international de recherche sur les cultures des zones tropicales semi-arides – ICRISAT est lié à l'État malien par un accord de siège qui dispose en son article 4 que le gouvernement du Mali garantit à ICRISAT le statut international conformément à la convention sur les privilèges et immunités. Cette convention dispose dans son article 3 que les locaux de l'organisation sont inviolables ; que ses biens et avoirs, où qu'ils se trouvent et quel que soit leur détenteur, sont exempts de perquisitions, réquisition, confiscation, expropriation ou toute autre forme de contrainte exécutive administrative, judiciaire ou législative. Par ailleurs, l'ICRISAT était lié par un contrat de bail avec le demandeur. Un litige oppose ICRISAT à son bailleur qui réclame une certaine somme. En première instance, le bailleur a eu gain de cause dans une instance saisie attribution. Le défendeur interjette appel, par un arrêt du 30 octobre 1996, la chambre civile de la cour d'appel de Bamako se prononce en faveur de l'ICRISAT infirmant le jugement d'instance. Le demandeur a formé ce pourvoi.

Le demandeur invoque un moyen unique au soutien de son pourvoi à savoir un défaut de base légale au motif que l'arrêt attaqué repose uniquement sur l'immunité dont bénéficie l'ICRISAT en tant qu'organisme international, en occultant ainsi la nature des relations liant les parties, alors qu'en droit le principe de l'immunité d'exécution ne s'applique pas aux actes de commerce en France, que l'ICRISAT a conclu le contrat en tant qu'un acte de commerce au sens de l'article 69 du Code du commerce du Mali et n'interfère aucunement avec ses activités intrinsèques de recherches.

L'ICRISAT bénéficie-t-il au sens de l'article 4 de l'accord de siège et l'article 3 de la convention sur les immunités et privilèges, une immunité d'exécution ?

Le bail conclu par l'ICRISAT, au sens de l'article 69 du Code de commerce du Mali, est-il un acte de commerce ?

La Cour suprême rejette le pourvoi au visa de l'article 4 de l'accord de siège et l'article 3 de la convention sur les immunités et privilèges en jugeant que « *ces dispositions s'appliquent sans équivoque aucune à l'ICRISAT WASSIP – MALI* ». La Cour ne fait pas droit aux prétentions du demandeur selon lesquelles le bail conclu est un acte de commerce en ce que « *si l'article 69 du Code de commerce régit les baux à usage commercial, industriel, artisanal ou professionnel, il prévoit également de nombreuses hypothèses dans lesquelles le bail professionnel n'a pas le caractère commercial ; ainsi le même article énonce que n'ont pas le caractère commercial les baux professionnels pris en location par des personnes physiques ou morales exerçant une activité désintéressée, notamment les associations déclarées, les syndicats professionnels* ». En conséquence, « les biens de l'organisation de recherches ne peuvent être soumis à une exécution forcée ».

Élément d'information pratique :

Une ***saisie d'exécution***, également connue sous le nom de saisie-vente ou saisie-exécution, est une procédure juridique par laquelle un créancier obtient l'autorisation d'un tribunal pour saisir les biens ou les avoirs du débiteur afin de recouvrer une dette impayée. Cette procédure est souvent utilisée lorsque le débiteur n'a pas respecté une décision de justice rendue en faveur du créancier, comme un jugement de condamnation à payer une somme d'argent.

> Avant de pouvoir procéder à une saisie d'exécution, le créancier doit obtenir un jugement du tribunal confirmant la dette due par le débiteur. Le jugement précise le montant de la dette et ordonne au débiteur de la payer. **Demande de saisie d'exécution** : Une fois le jugement obtenu, le créancier peut déposer une demande de saisie d'exécution auprès du tribunal compétent. Cette demande doit spécifier les biens ou les avoirs du débiteur que le créancier souhaite saisir pour recouvrer la dette. Le tribunal examinera la demande de saisie d'exécution pour s'assurer qu'elle est conforme à la loi et aux procédures légales. Si la demande est approuvée, le tribunal émettra un ordre de saisie, ***autorisant le créancier à procéder à la saisie des biens du débiteur***. Une fois l'ordre de saisie obtenu, un agent de saisie, généralement un huissier de justice ou un fonctionnaire de justice, se rendra au domicile du débiteur ou à l'endroit où se trouvent les biens à saisir. Les biens saisis peuvent inclure de l'argent, des biens meubles (comme des véhicules, des appareils électroniques et des meubles) ou des biens immobiliers (comme une maison ou un terrain).

Les biens saisis peuvent être vendus aux enchères ou adjudiqués pour recouvrer la dette. Le produit de la vente est utilisé pour rembourser le créancier, et, si le montant excède la dette, le surplus est généralement remis au débiteur. Le débiteur est généralement informé de la saisie et de la vente prévue de ses biens. Il peut avoir la possibilité de contester la saisie dans certaines circonstances, par exemple, en prouvant que les biens saisis sont exemptés en vertu de la loi ou qu'il y a eu des erreurs procédurales.

Arrêt la compétence exclusive de la CCJA/2021

Cet arrêt rappelle que les juridictions nationales doivent se dessaisir au profit de la CCJA lorsqu'elles sont saisies d'une affaire relevant du domaine du droit des affaires.

<table>
<tr><td colspan="3">Références</td></tr>
<tr><td rowspan="2">Arrêt n° 224 du 29 juin 2021</td><td>Mali, Cour suprême, 2e chambre
Civile, 29 juin 2021, 224</td><td>Nature : Annulation de vente</td></tr>
<tr><td>Pourvoi n° 468 du 27 décembre 2016</td><td></td></tr>
<tr><td colspan="3">Objet principal : La compétence exclusive de la CCJA</td></tr>
</table>

Ce différend concerne une demande d'annulation d'une vente aux enchères publiques impliquant deux commerçants maliens, l'un basé à Bamako et l'autre à Kati. À la suite de la demande du commerçant de Bamako, le tribunal de première instance de la Commune V du district de Bamako a rendu un jugement le 1er décembre 2014, rejetant l'assignation pour manque de fondement. Le demandeur a ensuite interjeté appel, et la cour d'appel de Bamako a confirmé le jugement initial par un arrêt en date du 29 juin 2016. En voie de conséquence ce pourvoi est formé.

Le demandeur, dans son mémoire ampliatif, a soulevé deux moyens de pourvoi à savoir la violation de la loi et l'insuffisance de motivation. Sur le premier moyen, il y a exposé que l'arrêt a procédé d'une violation de la loi par fausse application de l'article 9 du CPCCS, car il estime avoir apporté la preuve des allégations de l'irrégularité des actes ayant concouru à la vente en démontrant les différentes violations des articles 121, 122 et 123 de l'acte uniforme de l'OHADA portant OPSRCVE. Dans le second moyen tiré de l'insuffisance de motifs, il soutient que les juges du fond se refusent de répondre aux violations des articles susmentionnés.

Par contraste, le défendeur soulève l'exception d'irrecevabilité du pourvoi pour **défaut de droit d'agir** d'une part au motif que l'accomplissement de la formalité de signification de l'arrêt aux parties n'a pas été effectif et partant le droit d'appel n'est pas ouvert *(que la jurisprudence de la Cour suprême du Mali a été fixée dans ce sens [cf. arrêt n° 165 du 3 août 2015 de la 1re chambre civile])* et irrecevable pour **forclusion** d'autre part en ce sens que le demandeur n'a pas respecté le délai prévu en matière d'action en nullité de la saisie conformément à l'article 144 de l'acte uniforme tout en s'appuyant sur la jurisprudence de la CCJA et de la Cour suprême du Mali.

Par ailleurs, il soutient que la procédure de saisie-vente a été scrupuleusement respectée jusqu'à la vente et qu'il appartient au juge de qualifier souverainement les faits conformément à l'article 12 du CPCCS. Enfin, il conclut au rejet purement et simplement du pourvoi.

La Cour suprême a-t-elle compétence pour connaître un différend portant l'application de dispositions d'un acte uniforme de l'OHADA ?

En effet, la Cour suprême a souligné que l'affaire opposant les parties concerne l'annulation d'une vente aux enchères publiques effectuée à la suite d'une saisie-vente conforme aux dispositions de l'acte uniforme de l'OHADA portant procédures simplifiées de recouvrement et des voies d'exécution.

En se référant à l'article 615, alinéa 2 du CPCCS, qui prend en compte l'adhésion de la République du Mali au traité de l'OHADA, la Cour a précisé que lorsque le pourvoi est formé dans une affaire relevant du domaine du droit des affaires tel que défini dans l'article 2 du traité de l'OHADA, la procédure applicable est celle prévue par le traité lui-même ainsi que par le règlement de procédure de la CCJA de l'OHADA. Et conformément à sa propre jurisprudence (***arrêt n° 15 du 20 juin 2017 de la chambre commerciale de la Cour suprême du Mali***), la Cour suprême décide alors de renvoyer l'affaire devant la CCJA de l'OHADA.

Élément d'information pratique :

Un litige portant sur une requête en annulation de vente aux enchères publiques est une situation où une partie cherche à faire annuler la vente d'un bien ou d'une propriété qui a été vendue lors d'une vente aux enchères publiques. Ce type de litige peut survenir pour diverses raisons et impliquer différentes parties, notamment l'acheteur, le vendeur ou d'autres parties intéressées.

Les raisons de l'annulation de la vente aux enchères peuvent varier. Il peut s'agir de vices cachés dans la propriété, de fraudes, d'enchères manipulées, de problèmes de titre de propriété ou d'autres motifs légaux valables. La partie demandant l'annulation devra prouver en quoi la vente était entachée de vices ou d'irrégularités.

Arrêt Hameaux/2021

Une loi abrogée ne peut pas être invoquée devant une juridiction.

<table>
<tr><td colspan="3">Références : Arrêt Hameaux</td></tr>
<tr><td rowspan="2">Arrêt n° 246 du 06-05-2021</td><td>Mali, Cour suprême, section administrative, 6 mai 2021, 246</td><td>Nature : Recours pour excès de pouvoir</td></tr>
<tr><td></td><td></td></tr>
<tr><td colspan="3">Objet principal : La fin de non-recevoir tirée de la forclusion</td></tr>
</table>

Il s'agit d'une situation courante au Mali, liée à la question de la transformation de hameaux en villages et à leur rattachement à une commune. À la requête du chef du hameau, le gouverneur de la région de Kayes a émis un arrêté en date du 2 mai 2019, érigeant le hameau en village et le rattachant à la commune rurale de Madiga-Sacko, située dans le cercle de Diéma. Cette décision a été contestée par un chef du village (ci-après village Ag), qui a engagé une action en justice pour excès de pouvoir devant le tribunal administratif de Kayes, entraînant ainsi la participation forcée du chef du hameau dans cette procédure.

La juridiction de première instance fait droit aux prétentions du demandeur en infirmant par un jugement n° 12 du 1er juillet 2020 l'arrêté querellé. Le 24 juillet 2020, le chef du hameau AK interjette appel pour mauvaise application de la loi sur l'irrecevabilité pour forclusion du recours du chef de village Ag.

Le demandeur en appel soulève deux moyens au soutien de sa prétention. En premier lieu, il reproche au jugement une mauvaise application de l'article 15 de la loi n° 94-006 du 18 mars 1994 portant organisation et fonctionnement des tribunaux administratifs qui dispose que : « sauf en matière de travaux publics, le tribunal administratif ne peut être saisi que par voie de recours formé contre une décision, et ce, dans les deux mois à partir de la notification ou de la publication de la décision attaquée » ; ainsi, il soutient que le délai de 2 mois est écoulé et demande l'irrecevabilité pour forclusion du recours effectué contre l'arrêté du gouverneur de Kayes. Dans le second moyen tiré du défaut de la qualité du chef de village Ag sur le fondement de l'article 118 du CPCCS, le demandeur soutient que ce dernier qui a sollicité l'annulation de l'arrêté du 2 mai 2019 n'a pas qualité à agir. La direction générale du contentieux de l'État soutient que le hameau répond aux exigences prescrites par la loi pour être érigé en village ; par conséquent, c'est à bon droit que le gouverneur de Kayes a pris la décision pour l'ériger en village et reproche au jugement une mauvaise application de la loi en rejetant le défaut de qualité soulevé par l'intervenant forcé et, par conséquent, qu'il convient d'infirmer le jugement n° 12 du 1er juillet 2020.

Le défendeur par contre conclut au rejet des moyens soulevés. Il soutient que la fin de non-recevoir tirée de la forclusion est fondée sur la loi abrogée par la loi n° 2018-031 du 12 juin 2018, qu'en motivant l'exception tirée de la forclusion par une loi abrogée l'irrecevabilité mérite d'être rejetée. Sur la fin de non-recevoir tirée du défaut de qualité, il fait valoir que les dispositions du CPCCS ne s'appliquent devant la juridiction administrative (tribunaux administratifs et section administrative) qu'aux seuls différends de vérification conformément aux articles 21, alinéa 3 de la loi n° 2018-031 du 12 juin 2018 et 240 de la loi n° 2016-046 du 23 septembre 2016 régissant la Cour suprême ; qu'en l'espèce il n'est pas question d'un différend de vérification. Enfin, le défendeur soutient que, conformément à l'article 5 de l'arrêté n° 08-0268/MATCL-SG du 4 février 2008, l'avis du village mère est indispensable pour l'érection d'un hameau en village, autrement dit, son avis fait défaut au dossier de création du nouveau village.

Problème de droit :

Une partie peut-elle se prévaloir d'une disposition d'une loi abrogée ?

Après avoir rejeté les arguments de l'appelant basés sur l'irrecevabilité due à une prétendue forclusion en vertu de l'article 15 de la loi n° 94-006 du 18 mars 1994 régissant l'organisation et le fonctionnement des tribunaux administratifs, la Cour a pris en compte que cette loi avait été abrogée en ce qui concerne toutes dispositions contraires à la loi n° 2018-031 du 12 juin 2018. Par conséquent, elle a conclu que l'appelant n'était pas justifié à invoquer les dispositions d'une loi qui avait été abrogée. La section administrative infirme le jugement n° 12 du 1er juillet 2020 du tribunal administratif de Kayes, en ce que l'arrêté querellé n'a pas violé la loi en l'occurrence et, surtout, il est conforme à la loi n° 06-023 du 28 juin 2006 relative à la création, et l'administration des villages, fractions et quartiers fixe les conditions de création du village ; que ledit jugement a fait une analyse unilatérale de l'affaire en bâtissant la motivation sur des prétentions mal fondées. La Cour a pris une nouvelle décision en recevant le recours de l'intimé (le chef du village Ag) comme étant conforme aux exigences de forme, tout en le rejetant sur le fond pour manque de fondement et conclut que l'arrêté du 2 mai 2019 du gouverneur de la région de Kayes conserve ses pleins et entiers effets.

Élément d'information pratique :

Le recours pour excès de pouvoir (REP) : C'est un recours juridique par lequel un citoyen ou une entité peut contester la légalité d'une décision administrative prise par une autorité publique. Ce recours vise à garantir que les décisions des administrations publiques sont prises conformément à la loi et qu'elles ne violent pas les droits ou les intérêts légitimes des citoyens.

Le REP est généralement fondé sur la violation de la loi ou de la réglementation par une autorité administrative. Il s'appuie sur le principe selon lequel l'administration doit respecter les règles et les procédures établies par la loi. Ce type de recours peut être utilisé pour contester une large gamme de décisions administratives, y compris les décisions gouvernementales, les décisions des agences gouvernementales, les arrêtés municipaux, les décisions de l'administration fiscale et bien d'autres.

Avant d'intenter un recours pour excès de pouvoir, il est généralement nécessaire d'épuiser les voies de recours administratives disponibles. Cela signifie que vous devez d'abord contester la décision auprès de l'administration elle-même, en suivant les procédures prévues (recours gracieux). Les recours pour excès de pouvoir sont soumis à des délais de prescription, ce qui signifie que vous avez un laps de temps limité pour intenter l'action en justice après que la décision administrative a été prise. Ces délais sont en général de deux mois.

Les recours pour excès de pouvoir sont généralement portés devant des tribunaux administratifs ou des juridictions administratives spécifiques. Ces tribunaux sont chargés de statuer sur la légalité des décisions administratives. Pour réussir un recours pour excès de pouvoir, le demandeur doit démontrer que la décision administrative en question est illégale. Cela peut inclure des arguments tels que le non-respect de la procédure légale, l'erreur d'appréciation, l'abus de pouvoir, la violation des droits fondamentaux ou d'autres motifs prévus par la loi.

Si le tribunal administratif conclut à un excès de pouvoir, il peut annuler la décision administrative ou l'arrêté contesté. Cela signifie que la décision n'a pas d'effet juridique. Le tribunal peut également ordonner à l'administration de prendre une nouvelle décision conformément à la loi.

Arrêt Sébénincoro/2016

La Cour suprême a rappelé l'importance du principe du contradictoire dans les procédures judiciaires.

<table>
<tr><td colspan="3">Références : Arrêt Sébénincoro</td></tr>
<tr><td rowspan="2">Arrêt
n° 324 du
14/11/2016</td><td>Mali, Cour suprême,
section judiciaire,
2e chambre civile,
14 novembre 2016, 324</td><td>Nature :
Expulsion</td></tr>
<tr><td></td><td></td></tr>
<tr><td colspan="3">Objet principal : Le principe du contradictoire</td></tr>
</table>

Ce contentieux porte sur une concession sise à Sébénincoro, appartenant désormais aux héritiers. Par une assignation en référé, ces derniers ont saisi, le 29 août 2013, le tribunal de première instance de la Commune IV du district de Bamako d'une action en expulsion contre un locataire. La juridiction d'instance, par une ordonnance, a déclaré les prétentions des demandeurs bien fondées, en conséquence a ordonné l'expulsion du locataire et avec ses biens. Le défendeur interjette appel, la chambre des référés de la cour d'appel de Bamako par un arrêt du 22 novembre 2013 a confirmé l'ordonnance entreprise. Il décide de se pourvoir en cassation contre cet arrêt.

Le demandeur soulève pour le triomphe de son pourvoi contre l'arrêt attaqué deux moyens de cassation tirés de la violation de la loi et du défaut de base légale. Le premier moyen est composé de deux branches, dans la première, qui semble pertinente d'être évoquée, il reproche à l'arrêt d'avoir violé l'article 16, alinéa 1 du CPCCS au motif que le juge n'a pas fait observer le principe de la contradiction en rejetant la fin de non-recevoir tirée du défaut de qualité de la représentation de la partie défenderesse. Il fait grief à l'arrêt d'avoir fait abstraction sur les articles 123 et 55 du CPCCS en vertu desquels la partie qui fait état d'une pièce s'oblige à la communiquer à toute autre partie à l'instance. En revanche, par un mémoire ampliatif de réplique, les défendeurs ont conclu au rejet du pourvoi.

Le problème de droit

Le défaut de communication d'une procuration légalisée donnant mandat de représentation d'une des parties a-t-il une incidence sur l'instance ?

Selon la Cour suprême, en considérant que la procuration légalisée en date du 23 août 2013 à la mairie de la Commune IV du district de Bamako vaut représentation, alors que le demandeur au pourvoi affirme n'avoir reçu aucune communication de la copie de la pièce alléguée, la cour d'appel de Bamako a violé le principe du contradictoire.

Avant de casser, d'annuler l'arrêt attaqué et de renvoyer la cause et les parties devant la cour d'appel autrement composée, dans un sommaire, la Cour suprême considère que « *le défaut de communication d'une procuration légalisée donnant mandat de représentation d'une des parties porte atteinte au principe du contradictoire* ».

Élément d'information pratique

Le principe du contradictoire

Le principe du contradictoire est un principe fondamental du droit et de la procédure juridique qui garantit que toutes les parties à un litige ou à une affaire judiciaire ont un accès égal aux informations, aux preuves et aux arguments présentés devant le tribunal. Il vise à assurer un procès équitable et à protéger les droits des parties impliquées.

Le principe du contradictoire accorde aux parties le droit d'être informées de toutes les étapes du procès, y compris des éléments de preuve présentés par l'adversaire, et le droit de répondre à ces éléments.

> Il garantit le droit de chaque partie à présenter sa propre version des faits, à soumettre des preuves, à interroger les témoins et à faire valoir ses arguments devant le tribunal. Le principe du contradictoire implique que les parties ont le droit d'être entendues de manière égale et que le tribunal doit prendre en compte leurs arguments et leurs preuves pour rendre une décision éclairée.

> Les parties doivent être informées de toutes les audiences, des dates importantes et des documents présentés dans l'affaire. Elles ont le droit d'accéder à ces documents. Les parties ont le droit de contester les preuves ou les arguments présentés par l'adversaire. Cela se fait par des contre-interrogatoires, des objections ou des réfutations écrites.

Assignation en référé

Une assignation en référé est une procédure juridique qui permet d'obtenir rapidement une décision provisoire du tribunal pour protéger les droits d'une partie ou prévenir un préjudice imminent, dans des situations d'urgence. Cette procédure est souvent utilisée en droit civil, notamment en droit commercial, en droit de la famille et en droit administratif.

> Une assignation en référé est généralement utilisée lorsque des circonstances urgentes nécessitent une

intervention immédiate du tribunal. Cela inclut des situations où des droits sont menacés, des préjudices graves sont imminents, ou lorsque le respect d'un délai est essentiel. La partie qui souhaite obtenir une décision en référé doit déposer une demande écrite auprès du tribunal compétent. Cette demande, appelée requête en référé, doit expliquer en détail les faits de l'affaire, les droits en jeu, les raisons pour lesquelles une intervention d'urgence est nécessaire et la mesure spécifique demandée au tribunal.

Le tribunal fixe généralement une audience en référé dans un délai relativement court pour examiner la demande. Si le juge accorde la mesure provisoire, elle doit être exécutée immédiatement. Si la mesure consiste en une injonction ou une ordonnance, les parties doivent s'y conformer sous peine de sanctions. L'assignation en référé est généralement une mesure temporaire. Elle peut être suivie d'une procédure judiciaire plus longue, où les parties auront l'occasion de présenter des preuves plus complètes et de plaider leur cause de manière plus approfondie.

L'assignation en référé est un outil important pour garantir que les droits des parties sont protégés en cas d'urgence. Elle permet au tribunal de réagir rapidement aux situations critiques et de prévenir des préjudices irréparables. Cependant, elle est soumise à des critères stricts et est utilisée uniquement dans des circonstances exceptionnelles où une intervention immédiate est nécessaire.

Arrêt Kel Inacharia/2016

La précision sur l'admission d'une preuve littérale

<table>
<tr><td colspan="3">Références : Arrêt Kel Inacharia</td></tr>
<tr><td rowspan="2">Arrêt n° 154 D 06 /06/2016</td><td>Mali, Cour suprême, 1e chambre civile, 6 juin 2016, 154</td><td>Nature : Réclamation de terre</td></tr>
<tr><td></td><td></td></tr>
<tr><td colspan="3">Objet principal : L'admission d'une preuve littérale</td></tr>
</table>

Il s'agit d'un litige concernant un territoire où la faction Kel Inacharia a saisi le tribunal de première instance de Tombouctou le 6 avril 2009 en déposant une requête pour revendiquer l'île appelée « Sanka Koira » située dans la commune de Bourem Inaly. La requête visait à contester la possession de cette terre par deux agriculteurs. Le 25 juin 2009, le tribunal a statué en faveur de la faction Inacharia en tant que propriétaire de la terre contestée. Les deux agriculteurs ont fait appel, et la cour d'appel de Mopti, par un arrêt en date du 11 janvier 2012, a confirmé la décision du tribunal. En conséquence, ils ont décidé de se pourvoir en cassation.

Afin d'appuyer leur pourvoi, les demandeurs avancent trois motifs de cassation qui méritent d'être exposés en détail. Dans le premier moyen, il fait état de trois branches, en premier lieu, il est reproché à l'arrêt un défaut de base légale par incertitude quant au fondement juridique de la décision en ce sens que la cour d'appel a pris une mesure d'instruction visant à établir la délimitation de la zone en question. Cependant, au lieu de désigner un technicien comme le prévoit l'article 245 du Code de procédure civile, elle a nommé le président du tribunal de Tombouctou qui avait déjà rendu la décision initiale. Ce dernier, bien qu'il aurait dû être normalement dessaisi du dossier, a signé le rapport de mission, ce qui constitue une violation du principe du ***double degré de juridiction***.

Dans la deuxième branche, ils reprochent à l'arrêt un défaut de base légale par refus d'appliquer la loi particulièrement l'article 542 du CPCCS, au motif que la Cour a refusé d'entendre les appelants et leurs témoins. La cour d'appel a justifié sa décision en expliquant que les témoins se sont limités à critiquer le rapport d'expertise plutôt que de fournir des preuves étayant leurs prétentions. Dans le deuxième moyen, pour avoir altéré un document écrit, en l'occurrence la convention de 1929. La Cour s'est appuyée sur une photocopie de la convention de 1929, dont l'authenticité a été sérieusement remise en question, étant donné qu'il s'agissait d'une simple photocopie non certifiée, dépourvue de toute validité juridique.

Le troisième moyen tiré de la violation de la loi, divisé en trois branches qui seront évoquées ici ; dans la première, il est fait grief à l'arrêt d'avoir violé l'article 487 du CPCCS et porté atteinte au principe de ***l'autorité de la chose jugée*** en méconnaissant un jugement du 14/9/1992 du tribunal civil. En deuxième lieu, ils reprochent à l'arrêt de violer l'article 177 du CPCCS qui exige que, lorsque la mesure est ordonnée par une juridiction statuant en ***formation collégiale***, le contrôle est exercé par le président ou l'un des membres de la formation désignée spécialement à cet effet. A contrario, la mission a été accomplie sous le contrôle du président du tribunal de Tombouctou et non sous celui d'un membre de la formation collégiale.

La défense rejette ces prétentions et demande le rejet du pourvoi.

Le principal problème de droit

Une preuve littérale non authentique et non légalisée est-elle admissible ?

La Cour suprême a accepté trois arguments de cassation et a décidé de renvoyer l'affaire ainsi que les parties devant la cour d'appel de Mopti. Dans un résumé des motifs, au premier paragraphe, la Haute Cour a jugé que la cour d'appel ne peut pas légalement rejeter les prétentions d'une partie pour manque de preuves, après avoir refusé, malgré leur présence à l'audience, de les entendre, ainsi que leurs témoins. En rendant sa décision de cette manière, la cour d'appel n'a pas fourni une justification légale suffisante.

Dans un deuxième paragraphe, la Cour suprême a estimé qu'une convention écrite ne peut pas être admise comme preuve si seule une simple copie non légalisée en a été produite. En se basant sur une copie de la convention de 1929 qui ne satisfait pas aux exigences de l'article 2 de la loi n° 64-21/AN-RM du 15 juillet 1964 régissant la légalisation en République du Mali, la cour d'appel n'a pas permis à la juridiction supérieure d'exercer son contrôle, car le document en question est dépourvu de valeur juridique, rendant ainsi sa lecture hypothétique.

En ce qui concerne le moyen relatif à la violation de l'article 177 du Code de procédure civile, la Cour suprême a jugé que la cour d'appel de Mopti avait enfreint l'article en confiant le contrôle de la mesure d'instruction au juge commis.

Élément d'information pratique :

Admission d'une preuve littérale

L'admission d'une preuve littérale se réfère au processus par lequel une preuve écrite est acceptée comme élément de preuve dans une procédure judiciaire. Cette preuve peut prendre la forme de documents, de lettres, de contrats, d'e-mails, de textes, de relevés bancaires, de photographies, ou de tout autre document écrit ou enregistré qui peut être présenté devant le tribunal. Le fonctionnement de l'admission d'une preuve littérale :

Avant qu'une preuve littérale puisse être admise, elle doit **être pertinente** pour le litige en cours. Cela signifie qu'elle doit avoir une relation directe ou indirecte avec les faits en question dans l'affaire et aider à éclairer la question en litige.

Pour être admise, la preuve littérale doit être authentique, c'est-à-dire qu'elle doit être prouvée comme étant ce qu'elle prétend être. Par exemple, si un document est présenté comme un contrat, il doit être prouvé qu'il s'agit bien d'un contrat valide.

Arrêt, objet principal : Retraite/2016

L'arrêt rappelle les règles applicables à la formation des fonctionnaires et à la régularisation de leur situation administrative.

Références		
Arrêt n° 124 du 04/03/2016	Mali, Cour suprême, section administrative, 4 mars 2016, 124	Nature : recours en plein contentieux
Objet principal : Retraite		

Dans cette affaire, un litige oppose la direction générale du contentieux de l'État à un enseignant du second cycle. Ce dernier a initié une action en plein contentieux le 10 septembre 2014 dans le but de rétablir sa situation administrative. Le demandeur indique qu'on lui a refusé ou qu'il n'a pas reçu d'équivalence pour son attestation de formation par correspondance, pour laquelle il avait déposé une demande dès 1983. Il précise qu'il n'a obtenu son attestation lui permettant d'intégrer le corps des professeurs de l'enseignement secondaire que le 27 août 2013. Par conséquent, en vertu de l'article 110 de l'ordonnance n° 77-71/CMLN du 26 décembre 1977, il estime que son diplôme daté du 5 décembre 1983 devrait être pris en compte à partir du 1er janvier 1984.

À titre préliminaire, le défendeur soulève une ***exception d'irrecevabilité du recours pour forclusion*** sur le fondement de l'article 45 de la loi n° 96-071 du 16 décembre 1996 au motif que, par les lettres n° 203-1022 du 20 novembre 2013 et n° 2014-0171 du 20 février 2014, les demandes de valorisation du diplôme du demandeur ont été rejetées. La Cour rejette l'exception d'irrecevabilité soulevée en raison d'absence de preuve de la notification des différentes lettres de rejet au demandeur, alors qu'en application des dispositions de l'article 45 de la loi n° 96-071 susvisée la preuve de la notification incombe de manière exclusive à l'administration.

Le requérant soutient qu'en vertu du décret n° 3/PG-RM du 3 janvier 1979 en son article 12, alinéa 2 qui dispose que « la valorisation d'échelon ou grade au titre de la formation est constatée par le ministre chargé de la fonction publique », il a droit à une revalorisation d'échelon du 1er janvier 1984 au 1er janvier 2003, date à laquelle il devait aller à la retraite à l'âge de 62 ans. Par contre, le défendeur demande à la Cour de dire que l'attestation ne peut faire l'objet de valorisation en premier lieu, en ce sens que le demandeur a été admis à la retraite à compter du 1er janvier 1998, que la revalorisation n'est intervenue qu'en 2013, soit quinze ans après son admission à la retraite. En second lieu, au motif qu'en application de l'ordonnance n° 77-71/CMLN du 26 décembre 1977 portant statut général des fonctionnaires : « un congé de formation peut dans des conditions précisées par les règlements d'application être accordé au fonctionnaire pour lui permettre d'entreprendre des études ou un cycle de perfectionnement. L'article 106 de la même ordonnance dispose que pour être admis à entreprendre la formation, le fonctionnaire doit avoir fait l'objet d'un avis favorable de l'autorité hiérarchique.

Le problème de droit

Le ministère de la Fonction publique a-t-il agi de manière abusive en refusant de réévaluer la situation administrative du demandeur ?

Dans un paragraphe, la Cour précise « *qu'il est constant que la formation est un droit reconnu au fonctionnaire, il s'agit d'un droit règlementé* » ; ainsi, selon la section administrative de la Cour, il ne ressort du dossier aucun élément de preuve d'une quelconque saisine de l'administration au cours de l'année 1983, en plus il n'existe aucune décision administrative l'autorisant à effectuer une formation dans le cadre des besoins du service public tel que prévu par les différents statuts de la fonction publique. Quoi qu'il en soit, la Cour considère que le demandeur qui n'a pas « fait valoir son diplôme pendant sa carrière jusqu'à son admission à la retraite en 1998 ne peut valablement demander la régularisation de sa situation administrative, ayant été rayé des effectifs de la fonction publique quinze ans avant l'obtention de l'équivalence ». En somme, la Cour estime qu'en refusant la revalorisation de la situation administrative du requérant le ministre de la Fonction publique n'a commis aucun excès de pouvoir. La Cour décide au rejet comme mal fondé.

Élément d'information pratique :

Les notions « recours pour excès de pouvoir » et « recours en plein contentieux » sont couramment utilisées dans le domaine du contentieux administratif, principalement en France et dans d'autres pays ayant des systèmes juridiques similaires comme le Mali. Ces deux types de recours permettent de contester des décisions administratives, mais ils diffèrent par leur objet et leur nature. Des explications s'imposent :

Recours pour excès de pouvoir :

Le REP est un recours qui vise à contrôler la légalité des ***actes administratifs***. Il peut être utilisé lorsque l'on estime qu'une décision administrative est illégale en raison d'un vice de forme, d'un vice de procédure, d'une violation de la loi, d'une incompétence de l'autorité administrative, etc.

Le REP est une ***procédure de contrôle de légalité*** et n'a pas pour objet de discuter du bien-fondé de la décision. Le recours doit être introduit devant le tribunal administratif compétent. Si le tribunal administratif conclut à l'existence d'un excès de pouvoir, il peut annuler la décision administrative illégale.

Recours en plein contentieux :

Le recours en plein contentieux est un recours qui vise à obtenir l'annulation d'une décision administrative, mais il va au-delà du simple **contrôle de légalité**. Il peut entraîner l'annulation de la décision administrative et, dans certains cas, le versement de dommages et intérêts au demandeur. Le recours en plein contentieux peut être intenté devant le **tribunal administratif** ou le **tribunal judiciaire**, en fonction de la nature de la décision contestée.

Arrêt Mercedes/2016

L'arrêt rappelle la définition du commerçant et les règles applicables à la prescription des créances commerciales.

Références : Arrêt *Mercedes*		
Arrêt n° 61 15/02/2016	Mali, Cour suprême, section judiciaire, 2e chambre civile, 15 février 2016, 61	Nature : Réclamation de sommes
Objet principal : Commerçant, acte de commerce, OHADA, contrat de dépôt, l'exception d'irrecevabilité tirée de la prescription		

Deux entrepreneurs ont, grâce à l'entremise d'un ami commun, obtenu un contrat de fourniture de biens auprès de la société SOTELMA. Ce contrat a été exécuté en 1998, générant un bénéfice de 60 000 000 f CFA, qui devait être partagé en trois parts égales, soit 20 000 000 f CFA pour chacun. L'un des entrepreneurs a demandé à l'autre de mettre de côté sa part afin de pouvoir investir dans d'autres contrats, ce qui équivaut à un accord de dépôt.

Par la suite, les relations entre les deux individus se sont dégradées, et, lorsque le déposant a finalement réclamé sa part, le dépositaire a proposé de rembourser en offrant une voiture de marque *Mercedes*, de prendre en charge un traitement médical en Côte d'Ivoire d'une valeur de

14 000 000 de francs CFA, et de percevoir les loyers provenant d'une concession située dans le quartier Hippodrome de Bamako.

Mais le 21 mai 2010, alors que le dépositaire pensait que tout était réglé, le déposant saisit le tribunal civil de la Commune I du district de Bamako d'une requête aux fins de réclamation de sommes (20 000 000 au principal et 25 000 000 f de dommages-intérêts). Le défendeur soulève la fin de non-recevoir tirée de la prescription en soutenant que 12 ans se sont écoulés avant la saisine du tribunal, alors que la prescription est de 5 ans en matière commerciale. Par jugement du 23 avril 2011, ledit tribunal a rejeté la fin de non-recevoir et l'a condamné à payer au requérant la somme de 20 000 000 f CFA au principal et celle de 1 000 000 f CFA à titre de dommages-intérêts. Il interjette appel, la cour d'appel de Bamako a, par arrêt du 26 juin 2013, confirmé le jugement entrepris en affirmant que « *ni l'un, ni l'autre n'est commerçant, qu'il ne sied donc pas d'appliquer dans leurs relations la prescription commerciale prévue par l'article 18 de l'Acte uniforme de l'OHADA sur le droit de commerce général* ». D'où il a décidé de se pourvoir.

Le demandeur au pourvoi soulève deux moyens de cassation tirés de la violation de la loi et du défaut de base légale. Dans le premier moyen, il expose que l'article 16 de l'acte uniforme dispose que *« les obligations nées à l'occasion de leur commerce entre commerçants ou entre commerçant et non-commerçant se prescrivent par cinq ans si elles ne sont pas soumises à des prescriptions plus courtes »*. Il reproche à l'arrêt du refus de lui attribuer la qualité de commerçant et ses actes en tant que commerciaux conformément à l'article 3 de l'acte uniforme portant sur le droit de commerce général. Par ce refus, la Cour a rejeté l'exception d'irrecevabilité tirée de la prescription au motif que ni l'appelant ni l'intimé ne sont des commerçants, que partant la Cour a violé les dispositions des articles 3 et 16 dudit acte uniforme.

Le problème de droit

Comment acquérir la qualité de commerçant ?

Dans un attendu de principe, la Cour suprême a posé une définition claire de la notion de commerçant : « est considéré comme commerçant celui qui fait de l'accomplissement d'actes de commerce par nature sa profession ».

En l'espèce, la Cour a appliqué cette définition à deux cas distincts :

> Monsieur X. : La Cour a considéré que Monsieur X était un commerçant IMPORT-EXPORT en se basant sur les bordereaux de livraison de la SOTELMA versés au dossier. Ces documents prouvent que Monsieur X effectuait des actes de commerce de manière habituelle et professionnelle.
>
> Monsieur A. : La profession de Monsieur A n'était pas mentionnée dans l'acte d'assignation. Cependant, la Cour a relevé qu'il participait à l'exécution d'un marché de la SOTELMA ouvrant droit à des commissions. En conséquence, la Cour a estimé que Monsieur A avait accompli des actes de commerce devenant ainsi un commerçant de fait.

Partant de cette analyse, la Cour a conclu que l'article 16 de l'Acte uniforme de l'OHADA sur le droit de commerce général était applicable.
Au regard de ce qui précède, la Cour considère qu'en saisissant le tribunal en réclamation d'une créance de plus de cinq ans sa requête devait être déclarée irrecevable pour prescription. Ce faisant, la Cour casse l'arrêt au motif que

la cour d'appel a violé les articles susvisés en rejetant la fin de non-recevoir du demandeur au motif que ni l'un ni l'autre n'est commerçant. **Et que la cassation encourue n'implique pas qu'il soit à nouveau statué sur l'affaire, la prescription étant prouvée, il y a lieu de dire qu'il n'y a pas lieu à renvoi.**

Élément d'information pratique :

L'exception d'irrecevabilité tirée de la prescription : Est un argument juridique qui peut être soulevé par une partie défenderesse pour contester la recevabilité d'une action en justice intentée contre elle. Cette exception est basée sur le fait que le délai légal pour intenter une action en justice sur un certain type de réclamation s'est écoulé, rendant ainsi la réclamation prescrite.
La prescription est ***le principe*** selon lequel une réclamation légale ou une action en justice devient irrecevable si elle n'est pas intentée dans un délai spécifique prescrit par la loi. La durée de prescription varie en fonction du type de réclamation et des lois applicables dans une juridiction donnée.

Lorsqu'une partie défenderesse estime qu'une action en justice intentée contre elle est prescrite, elle peut soulever ***l'exception d'irrecevabilité*** tirée de la prescription en tant que défense. Elle doit généralement l'invoquer dans sa réponse initiale à la plainte déposée par le demandeur.

Si le tribunal conclut que la réclamation est prescrite, il peut décider de rejeter **l'action en justice**. Cela signifie que le demandeur ne pourra pas poursuivre sa réclamation en justice en raison de la prescription. Il existe souvent ***des exceptions à la prescription***, notamment en cas de fraude, de dissimulation du droit d'action, de reconnaissance de la dette ou de certains types de réclamations pour lesquelles la prescription ne court qu'à partir de la découverte de la violation.

Arrêt Titre foncier/2016

Les règles applicables à la compétence juridictionnelle en matière de cession des titres fonciers.

<table>
<tr><td colspan="3">Références : Arrêt Titre foncier</td></tr>
<tr><td rowspan="2">Arrêt
n° 42 du
15
0202/2016</td><td>Mali, Cour
suprême,
15 février 2016,
42</td><td>Nature :
Annulation d’acte administratif de cession du titre foncier</td></tr>
<tr><td></td><td></td></tr>
<tr><td colspan="3">Objet principal : Le titre foncier</td></tr>
</table>

La Haute Cour souligne que le contentieux relatif à la cession des titres fonciers est soumis exclusivement à la compétence des tribunaux judiciaires. Les juridictions administratives ne sont pas compétentes pour connaître de ce contentieux même lorsque le contrat de cession est dressé en la forme d’un acte administratif de cession.

Le tribunal de Kati est saisi d'un litige foncier opposant les héritiers du défunt C., qui ont reçu une lettre d'attribution en date du 16 mai 1979, et les héritiers du défunt A., qui ont acquis la parcelle en question par un titre provisoire en 2008, puis l'ont cédée à un tiers par un acte administratif de cession le 11 mai 2011. Le 18 juin 2018, les héritiers du défunt C. ont intenté une action en justice devant le tribunal civil de Kati, visant à faire annuler l'acte administratif de cession du titre foncier émis en faveur des héritiers du défunt A.

Ledit tribunal a déclaré, par jugement du 5 août 2013, l'assignation irrecevable. Les demandeurs interjettent appel. La cour d'appel de Bamako, par arrêt du 29 octobre 2014, infirmait le jugement entrepris ; statuant à nouveau, elle a annulé l'acte administratif de cession au motif que selon la Direction nationale des domaines et du cadastre le titre provisoire au nom des héritiers A. n'a pas été enregistré au registre foncier ; que, par rapport à cet état de fait, ce titre a été créé en fraude du droit des héritiers C. qui sont les premiers attributaires. C'est cet arrêt qui fait l'objet du présent pourvoi introduit par les défendeurs.

Les demandeurs au pourvoi invoquent au soutien de leur recours un moyen unique de cassation tiré de la violation de la loi, divisé en trois branches. Dans la première, ils font valoir que l'arrêt infirmatif a ignoré les droits des demandeurs qui sont titulaires d'un titre foncier sur la parcelle litigieuse au profit des défendeurs qui ne détiennent aucun titre et a procédé à l'annulation de l'acte de cession du titre foncier n° 48680, alors que l'article 169 du CDF dispose que « **le titre foncier est définitif et inattaquable** ». Dans la deuxième branche, ils soutiennent que l'arrêt a violé l'article 171 du CDF en annulant l'acte de cession du **titre foncier** n°°48680 au profit des défendeurs qui ne se prévalent que d'une **lettre d'attribution**.

Enfin, les demandeurs font grief à l'arrêt d'avoir apprécié la légalité d'un acte administratif (en l'occurrence la décision d'attribution du titre provisoire de concession rurale du préfet de Kati) qui relèverait de la compétence des seules juridictions de l'ordre administratif en violant les articles 7 et 8 de la loi n°°94-006 AN-RM du 18 mars 1994 portant organisation et fonctionnement des tribunaux administratifs. En revanche, les défendeurs ont conclu au rejet du pourvoi.

Le problème de droit

Le droit de propriété issu d'un titre foncier, au sens de l'article 171 du nouveau Code domanial, est-il susceptible d'opposition ? Les juges civils peuvent-ils connaître de la légalité d'un acte administratif ?

De prime abord, la Cour suprême estime que les juges d'appel ont violé l'article 169 du CDF en ce sens qu'il est établi dans le cas d'espèce que les demandeurs sont détenteurs d'un titre foncier sur la parcelle dont la propriété est revendiquée par les défendeurs qui ne détiennent eux d'aucun titre ; que c'est donc à tort que l'arrêt infirmatif a annulé l'acte administratif de cession.

La Cour suprême casse l'arrêt attaqué au visa de l'article 171 du nouveau Code domanial après avoir précisé dans un attendu de principe que « La remise en cause du titre foncier constitue une atteinte au droit de propriété et une violation de l'article 169 du CDF » au motif que les « *juges d'appel ont procédé par violation de l'article 171 nouveau susvisé, motif pris qu'aucun permis d'occuper, aucune concession rurale ou lettre d'attribution n'est opposable au titre foncier* ».

Sur la seconde question, la Cour suprême rejette les prétentions des demandeurs au motif que l'appréciation de la légalité d'un acte administratif relèverait de la compétence des seules juridictions de l'ordre administratif. La Cour trouve que les juridictions judiciaires sont compétentes pour connaître de ce contentieux au visa de l'article 42 du CDF qui dispose que « le contentieux relatif à la cession des titres fonciers de l'état est soumis exclusivement à la compétence des tribunaux judiciaires. Les juridictions administratives ne sont pas compétentes pour connaître de ce contentieux même lorsque le contrat de cession est dressé en la forme d'un acte administratif de cession.

Arrêt directeur général/2016

L'arrêt rappelle les règles applicables à la confiscation des biens dans les condamnations pour blanchiment de capitaux.

<table>
<tr><th colspan="3">Références</th></tr>
<tr><td rowspan="2">Arrêt n° 02 du 18 janvier 2016.</td><td>Mali, Cour suprême, 18 janvier 2016, 02</td><td>Nature :
Blanchiment de capitaux</td></tr>
<tr><td>Objet principal : Mainlevée de saisie et de mise en liberté</td><td></td></tr>
</table>

Le 14 janvier 2015, le juge d'instruction du 2ème cabinet du tribunal de grande instance de la Commune VI du district de Bamako a inculpé le directeur général d'un projet pour blanchissement de capitaux. Il a ensuite saisi et placé sous main de justice les trois comptes bancaires de l'inculpé à la BNDA.

Le 17 avril 2015, l'inculpé, par l'intermédiaire de son avocat, a introduit une demande de mainlevée de saisie et de mise en liberté auprès du juge. Le juge a rendu deux ordonnances rejetant ces demandes. L'inculpé a interjeté appel. La chambre d'accusation de la cour d'appel de Bamako a rendu un arrêt le 14 juillet 2015. Cet arrêt a déclaré l'appel contre l'ordonnance de mise en liberté irrecevable pour forclusion, a reçu les autres demandes et a ordonné la mainlevée sur un seul compte (considéré comme personnel) du demandeur. Le parquet général a formé un pourvoi contre cet arrêt. Au soutien de son recours, le parquet général soulève deux moyens de cassation tirés de la violation. Dans le premier, il est reproché à la chambre d'accusation de la cour d'appel de Bamako de s'être décidée en dehors d'un appel porté devant elle, violant ainsi les articles 190 et 191 du CPP et le ***principe du double degré de l'instruction***. Dans le second, il est fait grief à l'arrêt attaqué d'avoir à tort ordonné la mainlevée de la saisie pratiquée sur le compte appartenant au défendeur en raison que l'article 45 de la loi n° 06-66 du 29 décembre 2006 portant loi uniforme relative à la lutte contre le ***blanchissement des capitaux*** fait obligations au tribunal en cas de condamnation de prononcer leur confiscation au profit du trésor public. Tandis que la cour d'appel soutient que le compte personnel de l'inculpé n'a aucun lien avec les comptes services du projet dont l'inculpé était le directeur général ; que nul ne saurait justifier après les différentes vérifications le blocage de ce compte ; que pour faire bonne justice il convient d'ordonner immédiatement la mainlevée de la saisie sur ce compte.

Le problème de droit

La confiscation des biens par le juge est-elle systématique dans toutes les condamnations pour blanchiment de capitaux ?

À ce sujet, la Cour semble répondre par l'affirmative en se référant à l'article 45, qui prévoit que « dans les cas de condamnation pour infraction de blanchiment de capitaux ou de tentative, les tribunaux ordonnent la confiscation au profit du Trésor public des produits tirés de l'infraction ». La Cour suprême a examiné les deux moyens soulevés par le parquet général dans son pourvoi contre l'arrêt de la chambre d'accusation.

S'agissant du premier moyen, la Cour a estimé que l'arrêt attaqué ne constituait pas une condamnation pour blanchiment de capitaux ou tentative. En effet, la chambre d'accusation n'a pas statué sur le fond de l'affaire, mais uniquement sur la recevabilité de l'appel et la mainlevée de la saisie. Par conséquent, la Cour a considéré que le moyen n'était pas fondé et l'a rejeté.

Quant au second moyen, la Cour a relevé que les articles 190 et 191 du Code de procédure pénale, invoqués par le parquet général, traitent du droit général du ministère public d'interjeter appel et des délais d'appel. La Cour a estimé que la violation de ces articles ne pouvait pas être l'objet d'un pourvoi en cassation, car elle ne concernait pas une question de droit relative au fond de l'affaire. En conséquence, la Cour a également rejeté le second moyen.

Élément d'information pratique :

Une demande aux fins de mainlevée de saisie et de mise en liberté est une requête juridique soumise à un tribunal par une personne qui a été saisie et détenue, généralement dans le cadre d'une procédure judiciaire telle qu'une saisie-arrêt, une saisie conservatoire, une détention provisoire ou une autre mesure coercitive. Cette demande vise à obtenir la libération de la personne et la levée de la saisie de ses biens ou de ses actifs.

Arrêt - propriété de la parcelle/2015

La Cour suprême précise la rectification d'erreur matérielle d'un arrêt attaqué.

Références : *Arrêt - propriété de la parcelle*		
Arrêt n° 280 d1414/12/2015	Mali, Cour suprême, section judiciaire, 2e chambre civile, 14 décembre 2015, 280	Nature : Rectification d'erreur matérielle
Objet principal : Un recours en rectification		

Cette affaire est particulière, il s'agit en l'occurrence d'une saisine de la Cour suprême pour rectification de son arrêt. Ce dernier a été rendu dans une procédure en confirmation de droit de propriété. En l'espèce, le litige porte sur une parcelle dont deux personnes s'estiment propriétaires. Par un jugement du 19 novembre 2012, le tribunal civil de Kati a confirmé la propriété de la parcelle au demandeur. Sur appel du défendeur, la cour d'appel de Bamako a, par arrêt du 29 mai 2013, infirmé le jugement entrepris et débouté le demandeur.

Sur pourvoi de celui-ci, la 2e chambre civile a, par arrêt du 08/12/2014, cassé l'arrêt déféré et renvoyé la cause et les parties devant la cour d'appel de Bamako autrement composée. Le 21 janvier 2015, le défendeur succombant par requête saisit la Cour suprême aux fins de rectification dudit arrêt.

Le requérant au pourvoi se fonde sur l'article 646 du CPCCS qui dispose que : « les arrêts rendus par la Cour suprême ne sont susceptibles que des voies de recours ci-après : ***un recours en rectification*** peut être exercé contre les décisions entachées d'une erreur matérielle susceptible d'avoir exercé une influence sur le jugement… ». Il soutient que dans l'extrait du ***plumitif*** signé par le greffier, l'arrêt du 8 décembre 2014 de la 2e chambre civile de la Cour suprême du Mali a statué au fond en rejetant le pourvoi que, extraordinairement, il a été surpris de constater l'existence d'une expédition du même arrêt et qui casse et annule l'arrêt déféré. Il reproche à l'arrêt d'être entaché d'une erreur matérielle. Il prie la Cour de dire et juger que la décision portée sur le ***plumitif*** est seule valable.

Le défendeur au pourvoi, en réplique, soutient que la mention « rejette le pourvoi » invoquée par le requérant est incompatible avec les motifs de l'arrêt dont la rectification est demandée ; que d'ailleurs les trois branches du moyen unique exposé par le conseil du demandeur au pourvoi ont été accueillies, en conséquence, il conclut au rejet de la requête en rectification.

Le problème de droit

Comment se caractérise une erreur matérielle d'un arrêt pour aboutir à une rectification ? Et cette dernière peut-elle conduire les juges à apporter un changement de fond dans sa décision ?

Pour y répondre, la Cour suprême a précisé d'abord sa jurisprudence constante en la matière dans un attendu de principe que : « la rectification permet le retour devant le même juge pour qu'il répare une omission ou une erreur matérielle ; que cette situation exceptionnelle n'autorise en aucun cas ***le juge à revenir sur les questions tranchées avec autorité de la chose jugée*** ; qu'il ne peut donc modifier la chose précédemment jugée ou ajouter aux précédentes condamnations *(Civ. 2e, 8 juill. 2010, n° 09-68-299, NP – Soc. 5 janv. 2011, n° 09-43-303, NP)* », tout en expliquant que « l'erreur matérielle consiste en une inadvertance qui affecte la lettre, l'expression et la pensée réelle du juge ; rectifier cette erreur qui doit nécessairement être matérielle reviendrait à rétablir l'exacte pensée du juge. Ainsi traditionnellement sont rectifiables tous termes de la décision, objet d'une inadvertance de dactylographie, de terminologie ou d'orthographe… ».

Pour rejeter la demande de rectification, la Cour estime que dans le cas d'espèce il ne s'agit nullement « d'une erreur matérielle et s'il y a erreur elle ne peut être qu'intellectuelle donc non soumise à rectification ; qu'en effet les erreurs d'appréciation portant sur la substance du jugement ne sont pas réparables ». Et la Cour ajoute que l'extrait du plumitif invoqué, même doublé d'un constat d'huissier, ne peut l'emporter sur un arrêt en bonne et due forme ; que pour prospérer la demande en rectification se devait d'établir que l'arrêt attaqué comportait une inadvertance de dactylographie, de terminologie ou d'orthographe ; en tout cas une erreur matérielle ayant influencé la décision, ce qui n'est point prouvé.

Pour couronner le tout, la Cour expose sa méthodologie d'élaboration de l'arrêt en ces termes :

Qu'en effet l'arrêt dont rectification est demandée est une œuvre collégiale impliquant une démarche objective, intellectuelle et juridique axée sur le processus d'élaboration ci-après :

- le conseiller-rapporteur présente son rapport qui est lu en audience publique en présence éventuellement des parties et de leurs conseils ;

- ceux-ci présentent leurs observations ;
- l'affaire est mise en délibéré au cours duquel trois magistrats ayant lu et analysé les éléments du dossier échangent, discutent et décident de la décision à prendre ;
- la décision est prise à la majorité des magistrats et est inscrite en leur présence sur la chemise du dossier, et son dispositif est lu en audience publique ;
- la minute est ensuite signée par le président et le greffier audiencier.

Une fois ce processus achevé, les arrêts de la Cour suprême comme d'ailleurs les jugements et arrêts des autres cours et tribunaux acquièrent, conformément aux dispositions de l'article 465 du CPCCS, une force probante qui leur garantit une protection juridique. À partir de cette phase, seules les voies de recours et la procédure d'inscription en faux permettent de les modifier dans un sens ou dans un autre.

Élément d'information pratique :

L'inscription en faux est une procédure légale visant à contester l'authenticité d'un document écrit ou d'une pièce écrite présentée comme authentique. Cette procédure est utilisée lorsqu'il y a des raisons de croire qu'un document a été falsifié, altéré ou fabriqué de manière frauduleuse.

Une demande en inscription en faux, également appelée ***« requête en faux » ou « requête en contestation de l'authenticité »***.

Une fois la demande en inscription en faux préparée, il convient de la déposer auprès de la juridiction compétente.

La partie adverse, c'est-à-dire la personne ou l'entité qui a présenté le document contesté, ***sera notifiée de la demande en inscription en faux*** et aura l'occasion de présenter sa défense.

Après avoir examiné toutes les preuves et entendu les arguments des parties, la juridiction rendra une décision sur l'authenticité du document. Si le tribunal est convaincu que le document est falsifié ou altéré, il peut le déclarer non authentique.

Si l'une des parties n'est pas satisfaite de la décision de la juridiction, elle peut avoir ***le droit de faire appel de la décision*** devant une juridiction supérieure.

Arrêt Banankabougou/2014

La Cour a rappelé que l'acte notarié ne pouvait être annulé que par la procédure d'inscription de faux.

Références : ***Arrêt Banankabougou***		
Arrêt n° 196 du 11/08/2014	Mali, Cour suprême, 2e chambre civile, 11 août 2014, 196	Nature : Annulation d'acte notarié
Objet principal : Nullité de l'acte notarié		

Ce contentieux touche à moult questions juridiques, les vices du consentement au contrat, l'acte notarié et l'hypothèque. En l'affaire, un commerçant exerçant au Nigeria a mis à disposition d'un transporteur des marchandises pour les transporter à Bamako d'une valeur de 100 millions de francs CFA. Une fois à destination, ce dernier n'a pas pu remettre la somme. Pour payer cette créance, par acte notarié, le débiteur a mis son titre foncier à Banankabougou en dation en paiement d'une valeur de 85 600 000 f CFA, tout en informant son créancier que ledit titre fait l'objet d'une hypothèque auprès de la BSIC-SA pour sûreté de paiement d'une créance de 25 millions de francs CFA.

Au moment où le créancier s'apprêtait à procéder à la mainlevée de l'hypothèque et à la mutation du titre foncier à son nom, il s'est rendu compte que le débiteur avait écrit à la BSIC-SA pour se rétracter. Et en même, le débiteur assigne le créancier au tribunal civil de la Commune VI en annulation d'acte notarié aux motifs qu'il a signé l'acte notarié sous pression et contrainte physique de deux agents de la police pour l'obliger à céder sa maison. Ledit tribunal fait droit à sa demande en prononçant l'annulation de l'acte notarié. Le créancier interjette appel, la cour d'appel a infirmé le jugement entrepris par arrêt du 22 mai 2013 et a débouté l'intimé de sa demande. Ce dernier a formé un pourvoi.

Le demandeur au pourvoi soulève un moyen unique de cassation tiré de la violation de l'article 36 du RGO qui dispose « il n'y a point de consentement valable, si le consentement n'a été donné que par erreur, ou s'il a été surpris par le dol ou s'il a été donné ou extorqué par la violence ». Il soutient que l'apposition de sa signature a été sous la contrainte après avoir subi pendant dix jours des tortures physique et morale. Il fait valoir qu'en le déboutant de sa demande, alors que son consentement a été obtenu ou extorqué par la violence, l'arrêt a violé l'article susvisé.

Par contraste, la cour d'appel avance que le rôle du notaire est de dresser en la forme authentique les conventions conclues entre les parties ; qu'il s'ensuit que le consentement des parties est le premier acte que le notaire doit personnellement constater conformément à ses fonctions ; qu'en effet prétendre que l'un des signataires de l'acte notarié s'était rendu à l'office notarial accompagné par des policiers, c'est vouloir apporter la preuve contraire d'un fait personnellement constaté par l'officier public sans recourir à la procédure d'inscription de faux. Et la cour d'appel se fonde sur le fondement de l'article 271 du RGO qui dispose que « ***l'acte authentique fait pleine foi à l'égard de tous et jusqu'à inscription de faux de ce que l'officier public a fait ou personnellement constaté conformément à ses fonctions*** ».

Problème de droit :

L'acte notarié est-il annulable ? Et par quelle procédure ?

La 2e chambre civile de la Cour suprême confirme l'arrêt attaqué en rejetant les moyens de pourvoi soulevé, en réaffirmant dans un attendu de principe que « l'acte notarié ne pouvait être annulé que par la procédure d'inscription de faux », reprenant les énonciations de la cour d'appel, que la force probante attachée à l'acte authentique à propos des faits qu'il a pu ou dû vérifier interdit de recourir à une simple preuve contraire pour annuler celui-ci. La Cour estime que ces développements sont conformes à sa propre jurisprudence, affirmée dans l'arrêt n° 477 du 26 octobre 2005.

Élément d'information pratique :

En droit des sûretés, **l'hypothèque** est l'un des mécanismes les plus couramment utilisés pour garantir le paiement d'une dette ou d'une obligation financière. Elle permet à un créancier, généralement un prêteur, de sécuriser sa créance sur un bien immobilier (généralement un bien foncier) appartenant à l'emprunteur ou au débiteur (appelé le « constituant d'hypothèque »).

> L'hypothèque porte généralement sur ***un bien immobilier, tel qu'une maison, un terrain ou un immeuble***. Le bien hypothéqué est désigné comme le « bien grevé » par l'hypothèque.
>
> L'hypothèque est établie pour garantir le paiement d'une dette ou d'une ***obligation financière, telle qu'un prêt hypothécaire, un prêt immobilier ou un prêt commercial***. Le montant de la dette garantie est spécifié dans l'acte d'hypothèque.

Pour établir une hypothèque, un acte d'hypothèque doit être rédigé et enregistré ***devant un notaire***. Cet acte énonce les termes de l'hypothèque, y compris le montant de la dette garantie, les modalités de remboursement, les droits et obligations des parties et la description du bien grevé.

L'acte d'hypothèque doit être enregistré dans ***les registres fonciers ou immobiliers appropriés*** pour être opposable aux tiers et pour établir la priorité par rapport à d'autres créanciers. Une fois que la dette garantie est remboursée conformément aux termes de l'hypothèque, le créancier doit libérer l'hypothèque.

L'hypothèque est un outil important pour sécuriser les prêts et encourager le financement immobilier. Cependant, elle implique des responsabilités importantes pour les deux parties. En cas de défaut de paiement, le créancier peut exercer ses droits sur le bien hypothéqué, ce qui peut entraîner la saisie et la vente de la propriété. Par conséquent, il est essentiel de comprendre les implications juridiques d'une hypothèque et de respecter les termes du contrat.

Arrêt Banque Of Africa : 2014

Par cet arrêt, la Cour réaffirme l'importance de l'acte authentique de vente en matière de droit foncier

Références : *Arrêt Banque Of Africa*		
Arrêt n° 29 du 21 octobre 2014.	Mali, Cour suprême, section judiciaire, chambre commerciale, 21 octobre 2014, 29	Nature : Radiation d'hypothèque et réparation de préjudice
Objet principal : La validité de l'acte notarié		

Il résulte des faits et de la procédure tels que rappelés par l'arrêt que, au courant du mois de juin 1988, la Bank of Africa et la SOCOM-SARL ont signé une convention de compte courant. Par cette convention de compte courant, la BOA lui avait accordé une ligne de crédit plafonnée à la somme de 84 000 000 f CFA et qu'en garantie de ce crédit la SOCOM a inscrit une **hypothèque** sur les titres fonciers n°s 4629 de Bamako, 531 et 532 de Kati par acte notarié au profit de sa créancière. Par une convention valant promesse de vente passée à l'étude du notaire avec une autre entreprise, la SOCOM a procédé à la vente d'une partie de ladite parcelle.

Des divergences sont apparues entre les parties. Le 26 août 2008, les parties ont décidé de mettre fin à tous litiges et de prévenir tous ceux à naître des relations antérieures entre elles. En conséquence de cette ***transaction***, la BOA a donné ***mainlevée d'hypothèque*** sur les titres fonciers n°s 531 et 532 de Kati tout en conservant l'hypothèque sur le titre foncier n° 4629 de Bamako. Mécontent, la SOCOM a assigné la BOA et l'entreprise acquéreuse devant le tribunal de commerce de Bamako en ***radiation d'hypothèque et réparation de préjudice***. Par un arrêt, la cour d'appel confirme le jugement rendu par ledit tribunal le 13 juin 2012, qui déclare irrecevable la demande de la SOCOM pour défaut de qualité au motif que le titre foncier n° 4629 est déjà sorti de son patrimoine en raison de la vente intervenue entre la demanderesse et l'entreprise sus-évoquée. La demanderesse forme pourvoi.

La demanderesse a soulevé au soutien de son recours deux moyens de pourvoi, dont le premier est tiré de la violation de la loi, particulièrement intéressant en l'affaire. Il est fait grief à l'arrêt attaqué la violation de la loi par fausse application de l'article 55 du statut des notaires pour avoir considéré comme valable une expédition d'un acte notarié non daté, non signé et non revêtu du sceau du notaire contrairement aux dispositions dudit article.

Le problème de droit

Le sceau du notaire est-il une condition sine qua non pour la force probante de ses actes ? Peut-on contester la validité d'un acte notarié non scellé ? Quelles sont les conséquences juridiques de l'absence du sceau sur un acte notarié ?

La Cour suprême n'a pas été convaincue par l'arrêt attaqué au visa de l'article 55 de la loi susvisée, le casse et l'annule au motif que « l'arrêt attaqué, en ne considérant pas l'apposition du sceau du notaire comme une obligation en vue de la validité de son acte de vente et en considérant tout de même l'attestation du 1er février 2007 comme un acte de vente, viole les dispositions de l'article 55 ci-dessus cité et encourt en conséquence la censure, la vente concernant un titre foncier. La Cour explique que l'absence d'un acte authentique de vente signé du notaire ne peut être suppléée par une attestation unilatéralement délivrée par le même notaire.

Élément d'information pratique :

La validité de l'acte notarié est un aspect essentiel du droit notarial. Pour qu'un acte notarié soit considéré comme valide, plusieurs conditions doivent être remplies. Cependant, il est important de noter que les critères de validité peuvent varier en fonction du type de l'acte.

Les parties impliquées dans l'acte notarié doivent avoir l***a capacité légale de contracter***. Cela signifie qu'elles doivent être des personnes morales ou physiques capables de comprendre la nature et les conséquences de l'acte et de donner leur consentement en toute connaissance de cause. Les mineurs non émancipés et les personnes sous tutelle peuvent avoir des limitations en matière de capacité juridique.

Les parties doivent donner leur consentement librement et sans contrainte. Tout élément de ***contrainte, de tromperie, de fraude ou de vice du consentement (comme l'erreur, le dol ou la violence)*** peut rendre l'acte invalide. Le notaire qui authentifie l'acte doit avoir les pouvoirs et l'autorisation nécessaires pour le faire. Les notaires sont des ***officiers publics*** qui doivent respecter les règles et les réglementations en vigueur dans leur juridiction.

Les actes notariés doivent être ***enregistrés ou publiés dans un registre public*** pour être opposables aux tiers. L'absence d'enregistrement peut affecter la validité de l'acte. L'objet de l'acte notarié doit être licite, c'est-à-dire qu'il ne doit pas enfreindre les lois en vigueur ni être contraire à l'ordre public.

Il y a des formalités spécifiques requises pour certains types d'actes notariés, tels que les testaments, les contrats de mariage, les actes de vente immobilière, etc. Ces formalités doivent être respectées pour que l'acte soit valide.

L'acte notarié ne doit pas violer les ***droits légaux de tiers non impliqués dans l'accord.*** Si un tiers peut démontrer que l'acte porte atteinte à ses droits, cela pourrait affecter sa validité.

La validité de l'acte notarié est examinée par les tribunaux en cas de litige ou de contestation. Si un acte notarié est jugé invalide en raison de l'une des raisons énumérées ci-dessus, il peut être annulé ou déclaré nul et non avenu.

Arrêt Sera-Mali/2020

La Cour suprême affirme sa compétence pour examiner les violations des lois nationales, même si le litige porte également sur des actes uniformes de l'OHADA.

Références : Arrêt Sera-Mali		
Arrêt n° 06 du 22/01/2020	Mali, Cour suprême, section judiciaire, chambre commerciale, 22 janvier 2020, 06	Nature : Nullité et responsabilité contractuelle
	Pourvoi n° 267 du 4/07/2016	
Objet principal : L'exception de nullité		

La présente affaire porte sur une question aux fortes implications théoriques et pratiques. Par un contrat de vente suivi par un avenant en date du 29 novembre 2006, la société Sera-Mali devait fournir à la SOMATRA-SARL huit véhicules équipés de moteur *Renault MIDR* de 55 places dont 2 climatisés pour un montant global de 504 000 000 f CFA après réception et mise en exploitation. La livraison ayant été effectuée, la SOMATRA a mis en service lesdits véhicules, elle s'est rendu compte, après plusieurs pannes sur différents trajets, que les véhicules ne correspondaient pas aux normes techniques préconisées. Elle assigne le cocontractant en nullité et responsabilité contractuelle devant le tribunal de commerce de Bamako. Ledit tribunal juge au fond que la vente de 8 bus intervenue entre les parties est nulle et de nul effet et reconnaît la responsabilité contractuelle de Sera-Mali-SARL en la condamnant à payer à SOMATRA-SARL la somme de 504 000 000 f CFA à titre de remboursement du prix d'acquisition des 8 bus, la somme de 195 192 376 f CFA à titre de remboursement des intérêts et frais bancaires et la somme de 200 000 000 f CFA tous préjudices confondus.

Le défendeur relève appel et évoque la fin de non-recevoir tirée de la prescription devant la chambre commerciale de la cour d'appel de Bamako, que la requérante est forclose aux motifs que l'article 5 du contrat liant les parties prévoie un délai de 10 jours pour formuler des contestations en cas de vices apparents ou de non-conformité, par un arrêt déclare l'action de la SOMATRA **irrecevable pour cause de prescription**, ce dernier a alors formé pourvoi contre cet arrêt.

Il soulève un seul moyen de cassation tiré de la violation de la loi. Il fait grief à l'arrêt d'avoir violé les dispositions des articles 17, 237 et 255 de l'acte uniforme portant droit commercial général et de l'article 1641 du Code civil français en raison que les juges du fond pour motiver leur décision de prescription ont retenu l'article 274 ancien de l'acte uniforme portant droit commercial général sous l'empire duquel, selon eux, la vente a été conclue et qu'en vertu de cet article, « le délai de prescription en matière de vente commerciale est de deux ans ».

Ce délai court à partir de la date à laquelle l'action peut être exercée ; et se fondant sur l'article V du contrat qui retient une garantie contractuelle de 12 mois pour déclarer qu'entre l'assignation et la date du contrat il s'est écoulé trois années et quelques mois, soit plus de deux années après l'expiration de la garantie contractuelle.

Pour le defendeur au pourvoi, il ne s'agit pas ici de vices apparents, mais des vices cachés au moment de la livraison des véhicules qui ont entraîné leur immobilisation et conduit la SOMATRA à les faire expertiser pour se rendre compte que, s'ils avaient bien toutes les apparences des véhicules *Renault* commandés, ils n'en avaient aucune des caractéristiques ; que, dès lors, le délai prévu par l'article 5 du contrat n'a donc pas vocation à s'appliquer en l'espèce.

Selon le defendeur au pourvoi, la non-conformité des marchandises fournies constitue des manœuvres dolosives servant de fondement à sa demande en nullité du contrat, conformément à l'article 41 du RGO. Il ajoute que conformément à l'article 64 du même code « l'action en nullité relative se prescrit par cinq ans du jour de la formation du contrat. Ce délai court cependant dans les cas d'incapacité ou de violence du jour où elles ont cessé, dans les cas d'erreur ou de dol du jour où le vice a été découvert » et que, suivant une jurisprudence constante de la Cour de cassation (Cass. civ., 5 mai 1993), **l'exception de nullité survit à la prescription de l'action**. Il soutient qu'entre le constat des vices en mai 2011 et l'assignation servie à Sera-Mali-SARL en date du 23 décembre 2011 il ne s'est écoulé que sept mois.

Le defendeur au pourvoi, en duplique, sollicite la Cour suprême de se déclarer incompétente en renvoyant la cause et les parties devant la CCJA et subsidiairement rejeter le recours comme étant mal fondé.

Le problème de droit

Dans ce contentieux, la Cour est appelée à se prononcer sur une question de droits d'une réelle importance. ***La Cour peut-elle trancher un litige dont la violation d'un acte uniforme est en cause ?***

La Cour suprême rejette l'exception d'incompétence soulevée, jugeant que dans le cas d'espèce il est aussi question de la violation des articles 41, 64 du RGO donc des lois nationales, et il y a lieu de retenir sa compétence, comme il ressort de la jurisprudence consacrée par la CCJA que « *les conditions de compétence de la Cour commune de justice et d'arbitrage telles qu'énoncées par l'article 14 du traité relatif à l'harmonisation du droit des affaires en Afrique ne sont remplies du seul fait de l'évocation par le requérant d'un article d'un acte uniforme dans l'argumentaire accompagnant l'exposé de son moyen de cassation qui, lui, est fondé sur un texte de loi nationale (CCJA n° 004, 27 mars 2003)* » ; que cette même jurisprudence est confortée par un de ses arrêts dans une procédure similaire (*CCJA* n° 25, 22 août 2017, chambre commerciale).

Élément d'information pratique :

L'exception de nullité est une défense juridique que l'on peut soulever dans le cadre d'une procédure judiciaire pour contester la validité ou la légalité d'un acte, d'un contrat ou d'une décision administrative. Lorsqu'une partie invoque une exception de nullité, elle soutient que l'acte en question est entaché d'un vice ou d'une irrégularité qui le rend nul et non avenu.

Les vices cachés : Également connus sous le nom de « vices cachés de la chose vendue », ce sont des défauts ou des imperfections non apparentes qui affectent un bien vendu. Ils sont généralement découverts après la conclusion de la vente, lorsque l'acheteur s'aperçoit que le bien qu'il a acheté présente des problèmes ou des défauts qui n'étaient pas visibles au moment de l'achat. Les vices cachés peuvent concerner divers types de biens, tels que des biens immobiliers, des véhicules, des appareils électroménagers, des produits électroniques.

Table des matières

LA COUR SUPREME 7

PREFACE 9

ARRET BCS-SA/2013 15
La cour suprême rappelle l'importance du principe de l'indemnisation effective de la victime du dommage

ARRET BNDA/2015 21
La cour suprême rappelle le principe de la liberté contractuelle et l'importance du respect des clauses du contrat.
La cour Suprême souligne qu'elle n'intervient pas dans l'interprétation des contrats sauf dans des cas précis

ARRET TRANSACTION IMMOBILIERE/2015 27
Cet arrêt est important car il clarifie la jurisprudence relative à la validité des ventes immobilières sans acte notarié.

ARRET WASSOUL'OR/2021 33
Cet arrêt rappelle les règles applicables en cas de modification du contrat de travail et de licenciement.

ARRET DONNEES A CARACTERE PERSONNEL/2017 39
Cet arrêt précise les modalités des règles applicables en matière de protection des données personnelles au Mali.

ARRET BAGUINEDA-EST/2021 43
Le requérant n'ayant pas invoqué un cas d'ouverture à cassation prévu par la loi, son pourvoi est irrecevable.

ARRET NALLIAS/2016 45
La cour rappelle que les juges ne peuvent pas statuer en dehors des limites de leurs compétences.

ARRET MANDAT DE DEPOT/2020.......................... 49
Cet arrêt rappelle que la justice doit être impartiale et objective, et qu'elle ne doit pas être influencée par des facteurs émotionnels ou par la pression populaire.

ARRET CMDT/2021.. 53
La cour suprême a statué qu'une simple erreur matérielle ne justifie pas la cassation d'une décision de justice.

ARRET SOTELMA/2021 59
La cour a statué que le délai d'appel en matière sociale est régi par le seul code du travail.

ARRET, OBJET PRINCIPAL : DECISION PAR DEFAUT.. 65

ARRET : LES CONDITIONS DE DISSOLUTION D'UN GIE... 67

ARRET CAMEC-NATIONALE/2018 69
La cour suprême ne peut pas se substituer aux juges du fond pour apprécier les éléments de preuve.

ARRET, OBJET PRINCIPAL : L'ASSEMBLEE DES CHAMBRES REUNIES 73

ARRET CCJA/2004 77
La question de l'incompétence d'office du juge étatique au profit de la CCJA.

ARRET COLLECTIVITE TERRITORIALE/2004 .. 79
Cet arrêt est important car il rappelle les règles applicables à la responsabilité civile des collectivités territoriales

ARRET MANDAT VERBAL/2004 81
La cour suprême ne se substitue pas aux juges du fond pour apprécier les faits et les preuves.

ARRET EDM-SA/2004 85
Les clauses du contrat d'adhésion lient les deux parties, quand bien même l'une d'elles n'en a pas eu connaissance, sauf en cas de clauses abusives.

ARRET/2005, OBJET PRINCIPAL : CLAUSE CONTRACTUELLE 89
La cour a affirmé la nullité de la clause d'appropriation du gage.

ARRET/2005, OBJET PRINCIPAL : PROCEDURES DE RECOUVREMENT 95

ARRET CESSION D'ACTION/2005 99
Un jugement rendu par défaut et non signifié est nul et ne peut être invoqué par aucune partie.

ARRET EXEQUATUR/2004 103

ARRET/2016, OBJET PRINCIPAL : LE LIBRE ACCES A UN GITE D'ETAPE 107

ARRET/2005, OBJET PRINCIPAL : L'AUTORITE SUR LA CHOSE JUGEE 111

ARRET LEGITIME DEFENSE/2020 115
La cour suprême a défini les conditions de la légitime défense.

ARRET BDM-SA/2020 119
La jurisprudence française n'est pas applicable d'office dans la législation Malienne.
La chose jugée en matière pénale s'impose aux juridictions civiles.

ARRET STADE 26 MARS/2004 123
Dans les affaires commerciales, la preuve peut être administrée par tous les moyens.

ARRET IMMUNITE D'EXECUTION/1998 127
Cet arrêt est important car il clarifie l'étendue de l'immunité d'exécution des organisations internationales à but non lucratif.

ARRET LA COMPETENCE EXCLUSIVE DE LA CCJA/2021 131
Cet arrêt rappelle que les juridictions nationales doivent se dessaisir au profit de la CCJA lorsqu'elles sont saisies d'une affaire relevant du domaine du droit des affaires.......

ARRET HAMEAUX/2021 135
Une loi abrogée ne peut pas être invoquée devant une juridiction.

ARRET SEBENINCORO/2016 141
La cour suprême a rappelé l'importance du principe du contradictoire dans les procédures judiciaires.

ARRET KEL INACHARIA/2016 145
La précision sur l'admission d'une preuve litérale.

ARRET, OBJET PRINCIPAL : RETRAITE/2016 . 149
L'arrêt rappelle les règles applicables à la formation des fonctionnaires et à la régularisation de leur situation administrative.

ARRET MERCEDES/2016 153
L'arrêt rappelle la définition du commerçant et les règles applicables à la prescription des créances commerciales.

ARRET TITRE FONCIER/2016 157
Les règles applicables à la compétence juridictionnelle en matière de cession des titres fonciers.

ARRET DIRECTEUR GENERAL/2016 161
L'arrêt rappelle les règles applicables à la confiscation des biens dans les condamnations pour blanchiment de capitaux.

ARRET - PROPRIETE DE LA PARCELLE/2015 . 165
La cour suprême précise la rectification d'erreur matérielle d'un arrêt attaqué.

ARRET BANANKABOUGOU/2014 171
La cour a rappelé que l'acte notarié ne pouvait être annulé que par la procédure d'inscription de faux.

ARRET BANQUE OF AFRICA : 2014 175
Par cet arrêt, la cour réaffirme l'importance de l'acte authentique de vente en matière de droit foncier.

ARRET SERA-MALI/2020 179
La cour suprême affirme sa compétence pour examiner les violations des lois nationales, même si le litige porte également sur des actes uniformes de l'OHADA. 179

Structures éditoriales du groupe L'Harmattan

L'Harmattan Italie
Via degli Artisti, 15
10124 Torino
harmattan.italia@gmail.com

L'Harmattan Hongrie
Kossuth l. u. 14-16.
1053 Budapest
harmattan@harmattan.hu

L'Harmattan Sénégal
10 VDN en face Mermoz
BP 45034 Dakar-Fann
senharmattan@gmail.com

L'Harmattan Cameroun
TSINGA/FECAFOOT
BP 11486 Yaoundé
inkoukam@gmail.com

L'Harmattan Burkina Faso
Achille Somé – tengnule@hotmail.fr

L'Harmattan Guinée
Almamya, rue KA 028 OKB Agency
BP 3470 Conakry
harmattanguinee@yahoo.fr

L'Harmattan RDC
185, avenue Nyangwe
Commune de Lingwala – Kinshasa
matangilamusadila@yahoo.fr

L'Harmattan Congo
219, avenue Nelson Mandela
BP 2874 Brazzaville
harmattan.congo@yahoo.fr

L'Harmattan Mali
ACI 2000 - Immeuble Mgr Jean Marie Cisse
Bureau 10
BP 145 Bamako-Mali
mali@harmattan.fr

L'Harmattan Togo
Djidjole – Lomé
Maison Amela
face EPP BATOME
ddamela@aol.com

L'Harmattan Côte d'Ivoire
Résidence Karl – Cité des Arts
Abidjan-Cocody
03 BP 1588 Abidjan
espace_harmattan.ci@hotmail.fr

Nos librairies en France

Librairie internationale
16, rue des Écoles
75005 Paris
librairie.internationale@harmattan.fr
01 40 46 79 11
www.librairieharmattan.com

Librairie des savoirs
21, rue des Écoles
75005 Paris
librairie.sh@harmattan.fr
01 46 34 13 71
www.librairieharmattansh.com

Librairie Le Lucernaire
53, rue Notre-Dame-des-Champs
75006 Paris
librairie@lucernaire.fr
01 42 22 67 13

www.ingramcontent.com/pod-product-compliance
Lightning Source LLC
LaVergne TN
LVHW010947061026
849535LV00007B/2603
* 9 7 8 2 3 3 6 4 6 1 4 2 7 *